Viktoria Fuchs

Fuchsteufels WILD

südwest

INHALT

VORWORT

Liebe Leser und Wild-Köche,
mein Name ist Viktoria Fuchs. Ich bin Köchin, lebe in einer Jägerfamilie, kann nicht jagen und habe einen Hund, der es noch weniger kann als ich. Und ausgerechnet ich schreibe ein Wild-Kochbuch? Ja, ganz genau. Warum? Ich bin mit der Küche aufgewachsen. Kaum einer hat sie so sehr geprägt wie mein Vater, der als Koch und Jäger schon vor vielen Jahren angefangen hat, Wildgerichte neu zu interpretieren, und sie so aus verstaubten Schubladen befreite. Nun belebe ich sie mit meinen Erfahrungen, meinen verrückten Ideen, aber immer mit dem Wissen um meine Wurzeln und dem gleichen inneren Antrieb: der Wildküche ein neues »Gesicht« zu geben. Denn sie ist genauso »leicht«, genauso kreativ und genauso fuchsteufelswild wie andere Küchenausrichtungen. Wildbret muss weder mächtig sein noch aufdringlich schmecken. Frische, Süße, Würze und all die schönen lebendigen Einflüsse anderer Länderküchen vertragen sich hervorragend mit unserem heimischen Wild und machen es nicht nur zu besonderen Gerichten, sondern auch zu einem wirklich tollen Produkt.

Umso vehementer vertrete ich die Wildküche mit all ihren Facetten, ihren Möglichkeiten und ihrer Nachhaltigkeit. Gerade in einer Zeit, in der sich Menschen mehr und mehr mit der Herkunft des Fleisches auseinandersetzen, möchte ich zeigen, wie spannend das Produkt Wild ist. Denn die Tiere leben in ihrer natürlichen Umgebung und ihr Fleisch bietet zahlreiche gesunde Nährstoffe.

Mit diesem Buch richte ich mich nicht nur an Jäger oder überzeugte Fleischesser, sondern an Menschen, die Fleisch bewusst genießen wollen und Spaß an frischen und leicht zubereiteten Wildgerichten haben. Deshalb spielt das Wild auch nicht immer die Hauptrolle. Manchmal dient es nur als Begleiter. Immer sind frische Kräuter, Gemüse oder Einflüsse aus anderen Küchen Bestandteil eines Gerichtes und jede Wildart findet ein neues und eigenes geschmackliches Spannungsfeld. Gleichzeitig sind alle meine Rezepte eingebettet in die Geschichten rund um unseren Familienbetrieb, dem Hotel Spielweg, und meine Heimat, den Südschwarzwald. Beides hat mich geprägt, beides hat großen Einfluss auf mich und meine eigene Art zu kochen. Deshalb ist es ein persönliches Buch, getragen von den Menschen, die mich auf meinem Weg begleitet und unterstützt haben.

Haben Sie ganz viel Spaß beim Entdecken der Rezepte, beim Nachkochen einzelner Gerichte und beim Lesen der Geschichten. Alles Liebe und guten Appetit!

Ihre Viktoria Fuchs

KRÄUTER

&

GEMÜSE

UNSER KRAUT VERGEHT NICHT

Ich sag es ganz deutlich: Ohne den grünen Daumen meiner Mutter müsste ich jede Menge Geld in Kräuter-, Blumen- und Obstkäufe stecken. Sie ist die Herrscherin unseres Kräutergartens, der sich in den letzten 30 Jahren immerhin so weit ausgedehnt hat, dass ich meinen Gerichten jeden Tag mit Blüten und Kräutern den letzten optischen oder geschmacklichen Kick geben kann. Es ist nicht so, dass wir im Spielweg plantagenartige Selbstversorger wären, aber zwei weitere helfende Hände sind nötig, um all die Beete, Bäume und das Gewächshaus in Schuss zu halten. Sie weiß ganz genau, welches Kraut was braucht, womit man kleine Zipperlein heilen und mit welchen Blumen man die schönsten Sträuße für die Tischdekoration binden kann.

Das, was meine Eltern vor 30 Jahren gemeinsam begonnen haben, ist heute ein fester Bestandteil unserer Küche – ein wachsender verwunschener Teil unseres Zuhauses, aus dem wir schöpfen, ein kleines Paradies, in dem gezupft, gegossen und weiter angebaut wird.

Ein bisschen mische ich auch mit. Meine Mutter fing ursprünglich mit Schnittblumen an, mein Vater pflanzte Streuobst. Irgendwann wurden Hochbeete mit Kräutern angelegt und ich kam mit Pflücksalat. Ich ernte ihn, Mama rettet ihn vor den Schnecken.

Inzwischen bietet der Spielweg'sche Garten einen bunten Querschnitt durch die Kräuter- und Blumenwelt und ist außerdem für uns als Ausbildungsbetrieb eine Art Lehrpfad geworden, auf dem unsere Azubis jede Menge Wissen sammeln können.

Kräuterkäufe strapazieren die Kasse, denn gute Qualität hat ihren Preis. Deshalb bin ich froh, über diese Ressourcen verfügen zu können. Hier finde ich Erbsenkresse. Die grünen Keimlinge sind besonders proteinreich und passen hervorragend zu Rehgerichten, weil sie Frische liefern und außerdem auch noch dekorativ sind.

Basilikum ist sowieso ein *all time favourite*, besonders der kleinblättrige, der ordentlich Wumms im Geschmack hat und sofort mediterranes Gefühl auf den Teller zaubert.

Hartholzige Kräuter wie Rosmarin, Estragon und Thymian sind besonders dankbar, weil sie robust sind und auch unsere manchmal kalten Winter gut überleben. Sie vertragen sich mit fast jeder Wildart, allerdings muss man aufpassen, dass sie nicht zu viele Bitterstoffe abgeben, wenn man sie zu lang mitkocht. Dann wird es schwierig.

Zum Rehrücken oder zu Gams passt übrigens besonders gut das Eisenkraut, auch Verbene genannt. Ich kombiniere dazu Pfirsich, weil dessen Süße und die Frische der Verbene das Aroma des Rehfleisches perfekt unterstützen.

Die ewig wuchernde Minze und die unkomplizierte Zitronenmelisse sind wiederum sehr gute Gegenspieler zum kräftigen Aroma von Wildschweinfleisch. Die Balance macht es, die Verbindung aus Frische und Tiefe.

Zum zarten Fasan kombiniere ich gern Koriander, zum Beispiel als Curry. Und Hirsch verträgt Salbei, den man auch bestens frittieren kann. Das ist sowieso ein ziemlicher Geschmacksknaller: frische Kräuter in Butter frittieren. Dann hat man eine Art Kräuterbutter, die garantiert keiner so schnell vergisst. Borretschblüten sind auch sehr effektvoll, besonders zu Feige und Honig. Die kleinen Blüten sehen nicht nur hübsch aus, sondern ihr gurkenähnlicher Geschmack ist auch sehr typisch und unverkennbar.

Mit Dill allerdings stehen wir auf Kriegsfuß. Der ist einfach zu mimosig für die handfeste Schwarzwälder Natur. Deshalb arbeite ich in der Küche mit Fenchelkraut, der ein würdiger Ersatz ist und zu Fisch oder in den Gurkensalat zum Wildschweinschnitzel passt.

Schild- und Sauerampfer wiederum wuchern überall wild vor sich hin. Ich setze ihn gern zu Spargel ein.

Und sonst so? Obst gibt es natürlich auch. Brombeeren im Überfluss, die wir einmachen, damit wir immer wieder darauf zurückgreifen können.

Rhabarber, der ein ganz besonders guter Begleiter von Wildgerichten ist, weil er sich so gar nicht zwischen Obst und Gemüse anpassen will (auch wenn er ein Gemüse ist). Und dann gibt es da noch jede Menge Quitten – man glaubt nicht, was so ein Baum alles hergibt. Das Herbe der Quitte ist perfekt zur Gänseleber, genau wie das Süßsaure unserer Boskop, die wir aber natürlich auch im Kuchen verarbeiten.

Mein Rat an alle Hobbyköche: Wer Kräuter nicht selber anbauen kann, sollte beim Einkauf auf die Qualität achten. Am besten bekommt man frische Kräuter auf dem Markt. An den entsprechenden Ständen findet man oft auch Besonderheiten oder kann sie zumindest dort bestellen.

SALATE & Suppen

MIT HERZ UND HANDWERK IN DIE SCHÜSSEL

Ich liebe Salate, aber nur, wenn sie groß sind. Bei mir gibt es ausdrucksstarke Salate, also große Teller oder Platten mit ganz viel frischen Zutaten. Das hat für mich etwas mit Lebensgefühl zu tun. Deshalb stecke ich viel Kreativität in meine Salate und transportiere mit ihnen genauso den Wald oder den Garten, wie ich es mit meinen anderen Gerichten tue. Die Zusammenstellungen sind immer kreativ und ich kombiniere sie mit unseren eigenen Produkten, wie unserem Käse oder unserem Honig.

Ich geb's zu, ich habe eine Schwäche für die sogenannte Hochzeitssuppe. Eine echte Consommé ist Handwerk vom Feinsten und man muss ihre Zubereitung wirklich üben. Dass sie als Auftakt liebloser Menüs mitunter verunstaltet wurde, ist ein Jammer, dabei ist sie eine inhaltsvolle elegante Angelegenheit, die einfach wohlig warm macht. Außerdem hilft sie mit ihrem hohen Salzgehalt gegen einen Kater. Mit Steinpilzen schmeckt sie für mich nach Zuhause, nach meiner Heimat.

Meine Lieblingssuppe aber ist die geräucherte Tomatensuppe, die ganz ohne Fleisch auch wunderbar auskommen würde. Kein Ansatz, keine Zwiebeln, kaum Kräuter, aber ein purer, intensiver Geschmack. Viel Spaß beim Nachkochen!

BUNTER TOMATENSALAT

MIT GEGRILLTEM PULPO, BASILIKUM, MINZE UND GEBRATENEN WILDSCHWEINBRATWÜRSTCHEN

FÜR 4 PERSONEN

- 3 Hände Suppengemüse
- 200 ml Weißwein
- 4 Arme Pulpo
- 1 Dose gewürfelte Tomaten (400 g)
- 1 TL Fenchelsamen
- 1 TL Korianderkörner
- 3 Lorbeerblätter
- 20 bunte Tomaten
- ½ Wassermelone
- 1 EL Apfelessig
- 4 Wildschweinbratwürste
- 2 Stängel Minze
- 2 Stängel Basilikum
- 150 g Ricotta

FÜR DEN HUMMUS

- 1 Knoblauchknolle
- 1 Dose Kichererbsen
- 2 EL Tahini-Paste
- 10 Stängel Petersilie
- Salz, Pfeffer, 1 EL Ducca
- 1 Zitrone, 1 EL Sesam

FÜR DAS PESTO

- 2 Bund Basilikum
- 1 EL Pinienkerne
- 50 g ger. Parmesan
- 200 ml Olivenöl
- Salz, frisch gemahlener schwarzer Pfeffer

ZUBEREITUNGSZEIT: 30 MINUTEN + 3 STUNDEN KOCHZEIT

Wurzelgemüse waschen und in walnussgroße Stücke schneiden. Knoblauch und Zwiebeln schälen und ebenfalls klein schneiden. Das Wurzelgemüse in einem großen Topf in etwas Öl leicht anschwitzen. Mit Weißwein ablöschen und verkochen lassen. Pulpo hineinlegen, mit kaltem Wasser bedecken und die Dosentomaten sowie die Gewürze hinzugeben. Bei mittlerer Hitze aufkochen lassen, die Temperatur verringern, sodass der Pulpo 2 Stunden leicht simmert. Pulpo herausnehmen und auskühlen lassen.

Für den Hummus die Knoblauchknolle mit Olivenöl in Alufolie einwickeln und 30 Minuten bei 160 °C im Ofen schmoren. Herausnehmen und schälen. Die Kichererbsen in einem Sieb abgießen und ohne die Flüssigkeit in einen Standmixer geben.

Die geschälten geschmorten Knoblauchzehen, 4 Esslöffel Olivenöl, Tahini, gezupfte Petersilie, Salz, Pfeffer und Ducca dazugeben. Fein mixen und mit dem Saft der Zitrone abschmecken. Falls die Masse zu fest ist, kann man etwas von der Kichererbsenflüssigkeit oder etwas Olivenöl hinzugeben.

Für das Pesto Basilikum waschen, mit den Pinienkernen und dem geriebenen Parmesan in den Standmixer geben. Unter ständigem Mixen das Olivenöl dazugeben. Mit Salz und Pfeffer abschmecken.

Die Tomaten waschen und in Stücke schneiden, die kleinen nur halbieren. Die Wassermelone schälen, würfeln und beides miteinander vermengen. Mit dem Pesto und 1 Esslöffel Apfelessig marinieren. Mit Salz und Zucker würzen.

Den Pulpo in Stücke schneiden und zusammen mit den Wildschweinbratwürsten anbraten.

Den Teller mittig mit etwas Hummus bestreichen und den angemachten Tomaten-Wassermelonen-Salat darauf anrichten. Die Wildschweinbratwürste aufschneiden und zusammen mit dem gebratenen Pulpo auf den Salat geben. Mit Minze, Basilikum, Hummus und frischem Ricotta dekorieren.

SPARGELSPITZENSALAT

MIT WILDSCHWEINCOPPA UND BÄRLAUCHPESTO

FÜR 4 PERSONEN

- 1 kg weiße Spargelspitzen
- Saft von ½ Zitrone
- Salz
- 1 EL Zucker
- 4 EL Pinienkerne
- 1 Bund Schnittlauch
- frisch gemahlener schwarzer Pfeffer
- Coppa (siehe Seite 227)
- etwas Sauerampfer

FÜR DAS DRESSING

- ½ TL Senf
- 1 EL und 1 Prise Zucker
- 2 Prisen Salz
- frisch gemahlener schwarzer Pfeffer
- 3 EL Apfelessig
- 2 EL Sonnenblumenöl
- 4 EL Olivenöl

FÜR DAS BÄRLAUCHPESTO

- 2 Bund Bärlauch (alternativ: Basilikum oder Petersilie)
- 2 EL Pinienkerne
- 50 g geriebener Parmesan
- 250 ml Olivenöl

ZUBEREITUNGSZEIT: 45 MINUTEN

Die Spargelspitzen schälen. Die Schalen in einen Topf geben, mit kaltem Wasser bedecken und den Saft von ½ Zitrone sowie 1 Esslöffel Salz und 1 Esslöffel Zucker hinzugeben. Den Fond aufkochen, zur Seite nehmen und für circa 30 Minuten ziehen lassen.

Die Pinienkerne in einer Pfanne bei mittlerer Hitze ohne Fett rösten.

Den Spargelfond durch ein Sieb passieren, dabei die Flüssigkeit in einem Topf auffangen. Die Flüssigkeit erneut aufkochen, die Hitze reduzieren und die Spargelspitzen darin in circa 10 Minuten gar ziehen lassen.

Für das Dressing den Senf mit 1 Prise Zucker, Salz und Pfeffer verrühren. Den Essig hinzugeben und die Öle langsam einfließen lassen.

Für das Pesto den Bärlauch waschen, mit den Pinienkernen und dem geriebenen Parmesan in den Standmixer geben. Unter ständigem Mixen das Olivenöl dazugeben.

Die Spargelspitzen aus dem Sud nehmen, halbieren und in eine Schüssel geben, die gerösteten Pinienkerne hinzugeben und mit dem Dressing marinieren.

Den Schnittlauch in feine Ringe schneiden und zu den Spargelspitzen geben. Mit etwas Pfeffer würzen.

Alles zusammen auf einem Teller anrichten. Den Coppa hauchdünn aufschneiden und daraufgeben. Das Bärlauchpesto rundherum verteilen und mit Sauerampfer garnieren.

ROTKRAUT-BIRNEN SALAT

MIT ROGGENBROT, GEGRILLTER GAMSKEULE UND KAPUZINERBLÜTEN

FÜR 4 PERSONEN

- 650 g Gamsfleisch aus der Keule (große Nuss)
- Salz
- frisch gemahlener schwarzer Pfeffer
- ½ Kopf Rotkraut
- Zucker
- Olivenöl
- Saft von 1 Zitrone
- 4 Scheiben Sauerteigbrot
- 1 EL Butter
- 2 Birnen
- Wildkräuter nach Wahl

AUSSERDEM

- 1 Handvoll Räucherspäne oder Räucherchips

ZUBEREITUNGSZEIT: 1 STUNDE

Den Backofen auf 160 °C vorheizen. Das Fleisch von Silberhaut und Sehnen befreien, mit Salz und Pfeffer würzen und von beiden Seiten kurz anbraten.

Im vorgeheizten Backofen bei 160 °C circa 11 Minuten lang garen, bis das Fleisch eine Kerntemperatur von 44 °C erreicht hat. Das Fleisch einige Zeit auskühlen lassen. Danach auf dem Grill nachbraten, sodass es eine Kerntemperatur von 57 °C hat.

Wer möchte, kann die gesamte Keule auch auf einem Kugelgrill oder Big-Green-Egg-Grill garen. Hier ist zu beachten, dass die Glut nicht zu heiß werden sollte, sondern eine möglichst konstante Hitze hält.

Egal, ob nachgegrillt oder komplett gegrillt wird, am Ende, kurz vor Erreichen der Kerntemperatur, 1 Handvoll Räucherspäne oder in Wasser eingeweichte Räucherchips in die offene Glut geben. Den Grill verschließen und einige Minuten räuchern lassen.

Das Rotkraut mithilfe einer Küchenmaschine in feine Streifen schneiden. Mit Salz, Pfeffer, Zucker, Olivenöl und dem Saft von 1 Zitrone marinieren.

Die Brotscheiben in Würfel schneiden und in einer Pfanne mit etwas Butter rösten. Eine Birne in Ecken schneiden und auf dem Grill von beiden Seiten grillen. Die zweite Birne fein hobeln.

Das Fleisch dünn aufschneiden, den Rotkohlsalat mit den Brotcroutons vermengen und auf einem Teller anrichten. Das Fleisch anlegen, die gegrillten Birnenstücke daraufgeben, Birnenscheiben drapieren und mit Wildkräutern ausdekorieren.

Hierzu schmeckt auch eine feine Remoulade, Mayonnaise oder Hummus.

HIRSCHSCHINKEN

MIT MARINIERTEN FEIGEN, RICOTTA, HONIG UND THYMIAN

FÜR 4 PERSONEN

- 6 Feigen
- 2 Stück Ricotta
- 20 Scheiben Wildschinken
- Tannenhonig
- 4 Zweige wilder Thymian
- essbare Blüten

ZUBEREITUNGSZEIT: 15 MINUTEN

Die Feigen waschen und in Ecken schneiden.

Den Ricotta auf einen Teller bröseln, die Feigen darauflegen, den Schinken anlegen und mit dem Tannenhonig beträufeln.

Mit Thymian und Blüten der Saison dekorieren.

Tipp
Das gesamte Gericht lebt von den Feigen. Hier ist es wirklich sehr wichtig, vollreife Feigen zu kaufen oder am besten aus dem eigenen Garten zu ernten.

Mit dem Ricotta und dem Wildschinken ergeben sie eine perfekte Vorspeise, zum Beispiel zum Grillen oder in einem Menü.

WINTERSALAT

MIT KLEINEN MAULTASCHEN VOM OBERMÜNSTERTÄLER WEICHKÄSE, SCHWARZEN NÜSSEN UND SONNENBLUMENKERNEN

FÜR 4 PERSONEN

- 200 g Obermünstertäler Weichkäse
- 1 Eigelb
- 2 EL Paniermehl
- 3 Zweige Thymian
- Salz
- frisch gemahlener schwarzer Pfeffer
- 4 EL Sonnenblumenkern
- Zucker
- Puderzucker
- 4 Handvoll Feldsalat
- 1 Kopf Radiccio
- Schwarze Nüsse (siehe Seite 219)
- Nudelteig (siehe Seite 223)
- 1 Eigelb
- etwas zerlassene Butter

FÜR DAS SALATDRESSING

- 2 El Olivenöl
- 2 EL Rapsöl
- 1 TL Senf
- 1 EL Apfelessig
- 2 EL Joghurt
- Salz
- Zucker
- Pfeffer

ZUBEREITUNGSZEIT: 1 STUNDE

Den Obermünstertäler Weichkäse in eine Schüssel reiben und an einem warmen Ort schmelzen lassen. Eigelb, Paniermehl und gehackten Thymian dazugeben. Mit Salz und Pfeffer abschmecken.

Die Sonnenblumenkerne auf ein Backblech geben, mit 1 Esslöffel Wasser und etwas Zucker und Puderzucker bestreuen und gut mischen. Bei 175 °C circa 5–7 Minuten karamellisieren lassen.

Die Salate putzen, vom Strunk befreien und gründlich waschen. Trocken schleudern.

In einer Schüssel alle Zutaten für das Dressing mit dem Rührbesen gut verrühren und den Salat darin marinieren.

Die Schwarzen Nüsse in Scheiben schneiden.

Den Nudelteig circa 2 Millimeter dünn ausrollen, sodass man ein Rechteck mit der Länge von 100 Zentimetern und eine Breite von 20 Zentimetern erhält. Nun die Käsefüllung mithilfe eines Spritzbeutels auf die untere Kante der gesamten Länge geben. Hierbei am Anfang und am Ende jeweils 2 Zentimeter Platz lassen. Den oberen Teil des Nudelteiges mit Eigelb bepinseln, so klebt der Teig am Ende fest zusammen. Jetzt von der unteren, langen Seite nach oben hin aufrollen, bis oben noch 1 Zentimeter übrig ist. Beim Aufrollen sollte keine Luft mehr zwischen dem Teig und der Masse sein. Die so entstandene Rolle jetzt alle 5 Zentimeter mit beiden Händen zwischen Zeigefinger und Daumen zu einem festen »Kissen« drücken. Die einzelnen »Kissen« mit einem Teigroller nach oben hin abrollen. Mit dem offenen und mit Eigelb bestrichenen Ende die Kissen verschließen. So entstehen wunderschöne Maultaschen.

Die Maultaschen in reichlich gesalzenem Wasser gar kochen, herausnehmen und in einem kleinen Topf mit etwas Butter schwenken.

Den Salat auf einem Teller anrichten, die Maultaschen verteilen. Mit den Schwarzen Nüssen und den karamellisierten Sonnenblumenkernen garnieren.

GERÄUCHERTE TOMATENSUPPE

MIT RICOTTA AUS DER EIGENEN KÄSEREI, HIRSCHHERZSCHINKEN UND OLIVENÖL

FÜR 4 PERSONEN

FÜR DIE SUPPE

- 2 kg Tomaten und 2 Tomaten extra
- 100 g Rauchmehl oder Rauchchips (am besten Buche oder Apfel)
- 2 Stängel Basilikum
- 100 g Butter
- Salz
- frisch gemahlener schwarzer Pfeffer
- Zucker
- 4 Scheiben Roggenbrot
- Olivenöl
- 20 bunte Kirschtomaten
- 2 EL Crème fraîche
- 150 g Ricotta
- Gartenkräuter der Saison (z. B. Sauerklee, Minze, Kapuzinerkresse, Dahlie, Schildampfer)
- Hirschherzschinken

FÜR DAS PESTO

- 2 Bund Basilikum
- 1 EL Pinienkerne
- 50 g geriebener Parmesan
- 200 ml Olivenöl
- Salz
- Pfeffer

ZUBEREITUNGSZEIT: 1 STUNDEN + 3 STUNDEN SCHMORZEIT

Für die Suppe

Die Tomaten waschen, halbieren, Strünke herausschneiden und in einer Räucherpfanne mit dem Rauchmehl circa 5–10 Minuten räuchern. Die geräucherten Tomaten zusammen mit dem Basilikum in einen ofenfesten Bräter geben und abgedeckt im Ofen drei Stunden schmoren lassen. Die geschmorten und geräucherten Tomaten aus dem Ofen nehmen und sehr fein mixen.

Für die Tomatenwürfel und Einlage

Die Schale der beiden zusätzlichen Tomaten an der Unterseite mit einem scharfen Messer leicht einritzen, in kochendes Wasser geben und 1 Minute kochen lassen. Nun sehen Sie, wie sich die Schale von dem Fruchtfleisch löst. Die Tomaten herausnehmen und in Eiswasser abschrecken. Die Tomaten pellen, vierteln, das Kerngehäuse herausnehmen und in kleine Würfel schneiden.

Die Kirschtomaten halbieren, mit Salz und Zucker würzen mit etwas Olivenöl beträufeln und bei 160 °C circa 7 Minuten im Ofen rösten.

Für das Pesto das Basilikum waschen, mit den Pinienkernen und dem geriebenen Parmesan in einen Standmixer geben. Unter ständigem Mixen das Olivenöl dazugeben. Mit Salz und Pfeffer abschmecken.

Die Roggenbrotscheiben in etwas Öl leicht anrösten.

Die Crème fraîche mit 1 Teelöffel Basilikumpesto vermengen, mit Salz und Pfeffer abschmecken.

Das geröstete Brot mit der Creme bestreichen und etwas Ricotta darauf verteilen. Je 1 Teelöffel Tomaten-Concassé (geschmolzene Tomaten) daraufgeben und die gerösteten Tomaten aus dem Ofen darauf verteilen. Mit Gartenkräutern dekorieren.

Die Suppe mit dem Mixstab aufschäumen, in eine Schale geben, mit Hirschherzschinken und Ricotta garnieren und mit Olivenöl beträufeln.

KALTE ROTE-BETE-SUPPE

MIT REBHUHNBRUST UND WEICHEM EIGELB

FÜR 4 PERSONEN

- 1 Paket gekochte Rote Bete (500 g)
- 100 ml Brühe
- 100 ml Verjus
- 3 EL Zitronensorbet
- 2 EL Sauerrahm
- Saft von 1 Zitrone
- Salz
- frisch gemahlener schwarzer Pfeffer
- Zucker
- 4 Eigelb
- 200 ml Öl
- Zuckerschoten
- 2 gekochte Kartoffeln
- 4 Rebhuhnbrüste
- 2 EL Schmand
- Schildampfer

ZUBEREITUNGSZEIT: 1 STUNDE

Die gekochte Rote Bete zusammen mit der Brühe, Verjus, dem Sorbet und dem Sauerrahm in einen Standmixer geben und sehr fein mixen. Mit etwas Zitronensaft, Salz, Pfeffer und Zucker abschmecken und bis zum Verzehr kalt stellen.

Die Eigelbe in eine kleine ofenfeste Form geben und mit dem Öl bedecken. 15 Minuten bei 50 °C im Ofen confieren.

Die Zuckerschoten putzen, schräg halbieren und in kochendem, gesalzenem Wasser blanchieren. Herausnehmen und in Eiswasser abschrecken.

Die Kartoffeln in kleine Ecken schneiden.

Die Rebhuhnbrust würzen und von beiden Seiten 2 Minuten in einer Pfanne anbraten. Dann für 2 Minuten bei 160 °C in den Ofen geben.

Den Schmand mit Salz, Pfeffer und einem Schuss Zitronensaft abschmecken.

Die Rote-Bete-Suppe in eine Suppenschale geben, das Eigelb vorsichtig darauflegen. Die Rebhuhnbrust tranchieren und mit ein paar Kartoffelecken auf die Suppe legen. Mit dem Schmand, den Zuckerschoten und dem Schildampfer dekorieren.

STEINPILZ-CONSOMMÉ

MIT KLEINEN MAULTASCHEN UND PETERSILIE

FÜR 4 PERSONEN

FÜR DIE STEINPILZ-BRÜHE (5 L)

- 5 Zwiebeln
- 3 kg Rinderknochen und Fleischreste
- 2 Karotten
- ½ Knollensellerie
- 1 Lauch
- 1 kg Steinpilze (Abschnitte)
- etwas Öl zum Anbraten
- 1 TL Tomatenmark
- 100 ml Rotwein
- 1 Sternanis
- 10 weiße Pfefferkörner
- 8 Wacholderbeeren
- 2 Nelken
- 3 Lorbeerblätter
- 1 TL Salz

ZUM KLÄREN

- 500 g Rinderklärfleisch (durchwachsen mit viel Bindegewebe (z. B. Hesse)
- 500 g Steinpilze (Abschnitte)
- ein paar Stängel Petersilie
- 200 ml Eiweiß

Für die Brühe

Zwiebeln schälen, halbieren und mit der Schnittfläche nach unten in einer Pfanne ohne Öl kräftig anbraten. Das gibt der Brühe später eine schöne Bernsteinfarbe.

Die Knochen in einen Bräter geben und im Ofen bei 200 °C etwa 30 Minuten rösten.

Das Wurzelgemüse waschen und in walnussgroße Würfel schneiden. Den Lauch ebenfalls gut waschen und in Ringe schneiden.

Die Pilze in einem großen Topf mit etwas Öl kräftig anbraten, Tomatenmark dazugeben und mitrösten. Mit Rotwein ablöschen und einkochen lassen. Die gerösteten Knochen zusammen mit dem Wurzelgemüse, den Zwiebeln und den Gewürzen in einen großen Topf geben und mit kaltem Wasser auffüllen. Den Fond nun mindestens 3 Stunden leicht köcheln lassen. Nach dem Kochen durch ein Sieb passieren und über Nacht kalt stellen.

Für das Consommé

Die kalte Brühe in einen ausreichend großen Topf geben.

Das Rinderklärfleisch sowie die Pilze durch den Fleischwolf drehen (die 5-Millimeter-Scheibe ist dafür richtig). Einige Stängel Petersilie nachschieben.

Das Eiweiß in einer Schüssel mit einem Schneebesen anschlagen und sorgfältig mit der Pilz-Hack-Masse in die kalte Brühe einarbeiten.

Die Brühe langsam zum Kochen bringen. Dabei bis zum Siedepunkt langsam und vorsichtig umrühren, damit sich das Eiweiß nicht am Boden des Topfes festsetzt und anbrennt. Sobald die Brühe kocht, die Hitze reduzieren und 30 Minuten köcheln lassen. Die Trübstoffe werden im gestockten Eiweiß gefangen. Die Consommé vorsichtig durch ein Passiertuch geben.

Fortsetzung: nächste Seite

FÜR DIE MAULTASCHEN

- 1 Schalotte
- 3 Steinpilze
- 1 Handvoll Pfifferlinge
- 1 Handvoll Champignons
- Sonnenblumenöl
- Rosmarin
- 1 Eigelb
- 70 g Semmelbrösel
- Salz
- frisch gemahlener schwarzer Pfeffer
- Nudelteig (siehe Seite 223)
- 1 Ei

EINLAGE

- 2 kleine Steinpilze
- eine kleine Hand Pfifferlinge
- ½ Bund Petersilie
- 2 EL Erbsen
- 1 Karotte

ZUBEREITUNGSZEIT: 5 STUNDEN

Einlage

Die Bohnen putzen und schräg in kleine Stücke schneiden. Die Karotten schälen, längs halbieren und ebenfalls schräg in kleine Stücke schneiden. Die Erbsen aus der Schote puhlen. Das Gemüse in reichlich gesalzenem Wasser blanchieren. Die Pfifferlinge und Steinpilze putzen.

Maultaschen

Die Schalotte schälen und in feine Würfel schneiden. Die Pilze putzen, klein schneiden und zusammen mit den Schalottenwürfeln in einer sehr heißen Pfanne mit etwas Sonnenblumenöl kräftig anbraten. Den Rosmarin vom Stängel zupfen, fein hacken und zu den Pilzen geben.

Die angebratenen Pilze aus der Pfanne nehmen, auf ein Brett geben und ordentlich durchhacken. Die gehackten Pilze in eine Schüssel geben, mit Eigelb und Semmelbröseln vermengen und mit Salz und Pfeffer abschmecken.

Den Nudelteig auf einer bemehlten Arbeitsfläche circa 2 Millimeter dünn ausrollen. Dies geht besonders gut mithilfe einer Nudelmaschine. So haben Sie auch gleich die gewünschten Maße in Form eines Rechteckes. Die Nudelbahn mit Ei bepinseln.

Nun die Füllung auf die unteren zwei Drittel des Teiges geben. Jetzt die untere, lange Seite einmal einschlagen und locker nach oben hin aufrollen. Die so entstandene Rolle mithilfe eines Kochlöffelstieles in 20 gleich große Stücke unterteilen, Den Teig dabei fest andrücken. Die Stücke mit einem Messer abtrennen. Der Teig muss, anders als bei Ravioli, die Füllung nicht komplett umschließen, sie hat genug Bindung, dass sie beim Garen nicht auseinanderfällt.

Die Maultaschen in reichlich gesalzenem Wasser 5 Minuten kochen lassen. Abgießen.

Das Gemüse in einem Suppenteller anrichten, die Maultaschen dazugeben. Mit der heißen Consommé aufgießen. Die Pfifferlinge und Steinpilze hobeln und in die Suppe geben. Mit Petersilie dekorieren.

WILD-EXKURS

SCHULTERHÖHE:
80 Zentimeter

GEWICHT:
30–50 Kilogramm

Die Gams (oder auch Gämse) gehört zu den Hornträgern *(bovidae)* und ist in europäischen Hoch- und Mittelgebirgen, also auch im Schwarzwald, heimisch. Sie ist in ihren Körpermaßen nur etwas größer als das Reh, bringt aber deutlich mehr Gewicht auf die Waage. Sowohl Männchen als auch Weibchen entwickeln Hörner, die sogenannten Krucken, wobei die Krucken der weiblichen Tiere dünner sind. Gämsen ernähren sich im Sommer von Kräutern und Gräsern, im Winter von Flechten und Knospen.

BRUNFT:
November/Dezember

JAGDZEIT:
Juni bis Januar

DIE GAMS

1.
2.
3.
4.
5.

IN DER KÜCHE

Gamsfleisch ist nichts für Einsteiger, denn das dunkle Fleisch hat ein intensives Wildaroma. Vor allem das Fleisch von älteren Tieren kann fett und talgig sein, dies eignet sich jedoch hervorragend für Salami oder Kaminwurzen, deshalb bevorzugen wir in der Küche Jungtiere, da sie einen zarteren Geschmack haben.

Beim Einkauf von Gamsfleisch sollte man darauf achten, dass das Fleisch nicht zu dunkel verfärbt ist und nicht metallisch schimmert. Wer kann, bezieht das Fleisch am besten über einen Jäger.

1. HALS:
Für Ragout oder zum Schmoren, für Fonds und Suppen. Durch den Wolf gelassen auch als Hackfleisch.

2. SCHULTER:
Ergibt im Ganzen mit dem Knochen geschmort einen saftigen Braten oder entbeint ein Ragout. Eignet sich auch für Hack.

3. RÜCKEN:
Kann mit dem Knochen im Ganzen gebraten werden. Oder man löst den Rücken aus und brät diesen rosa. Quer zur Faser in Medaillons geschnitten, eignet sich das Fleisch auch zum Kurzbraten in der Pfanne oder zum Grillen.

4. KEULE:
Wird aufgrund der Größe zum Braten oft entbeint und in ihre Teilstücke zerlegt. Aus diesen lassen sich auch Steaks zum Kurzbraten schneiden.

5. HAXE:
Wird immer geschmort als »Ganzes« oder ohne Knochen für Ragouts und zum Schmoren verwendet.

PILZE

CHAMPAGNERKORKEN KNALLEN

Alle »Füchse« sammeln Pilze, und zwar mit goldgräberhaftem Ehrgeiz. Seit meiner Kindheit freue ich mich auf diese Zeit – wenn der Sommer langsam geht, das Licht milde, die Farben warm und dunkler und der Boden feuchter wird und sich eine gewisse Nervosität über die gesamte Familie legt. Es fühlt sich an, als stünden alle in den Startblöcken, bereit für die große Fuchs'sche Pilz-Challenge.

Der Schwarzwald bietet ideale Bedingungen für die feinen Speisepilze. Auf den Wiesen und in den Wäldern wachsen viele verschiedene Sorten. Für uns sind diese Momente im Wald wie Urlaub. Ich kann mir kaum etwas Entspannteres vorstellen, als den ganzen Tag mit meinen Lieblingsmenschen und den Hunden in der Natur unterwegs zu sein und nach Steinpilzen zu suchen. Es ist eine Familientradition. Und selbst während meiner Ausbildungszeit habe ich mir extra Urlaub genommen, um nach Hause zu fahren und dabei zu sein.

Wenn das Wetter passt, dann findet das Festmahl gleich direkt im Wald statt. Auf einem Lagerfeuer brutzeln wir die herrlich frischen Pilze in einer großen Pfanne, dazu nur Schalotten, leicht geröstetes Brot, ein Glas Gutedel oder ein kräftiges Hefeweizen, und das Leben ist ziemlich perfekt für mich.

SAMMELN

Durch meine Pilzsammler-Leidenschaft ist klar, dass die kleinen »Champagnerkorken« fester Bestandteil meiner Küche sind. Sie sind Ausdruck der Region, ihr Geschmack vermittelt wie kaum ein Naturprodukt den Wald und seine feuchten Böden.

Unter unseren Funden ist der Gemeine Steinpilz der begehrteste Vertreter seiner Art.

Wir haben alle einen geschulten Blick für den braun behüteten Pilz, der sich sehr gut roh hobeln lässt und mit ein wenig Olivenöl ein perfektes Steinpilz-Carpaccio ergibt.

Ansonsten gehören Pfifferlinge zu den typischen Pilzen, die in unseren Körben landen. Außerdem der Hexenröhrling, Birkenpilze, Rotkappen und natürlich der Maronenröhrling.

Für alle Pilzsammler gelten folgende Regeln:
Man muss sich wirklich auskennen und genau wissen, welche giftig sind und welche nicht. Außerdem sollte man sich immer an die gesetzlich festgelegte Höchstmenge halten, die man sammeln darf.

Pilze sollten immer frisch zubereitet werden, manche von ihnen verderben recht schnell. Behutsam waschen und abbürsten, die zarten Köpfe sind empfindlich. Und ganz wichtig: die eigenen besten Such-Koordinaten nicht verraten. Wäre ja ärgerlich, wenn einem einer zuvorkommt.

MEDITERRANES *Wild*

SPIELWEG ALLA CACCIATORA

Ich liebe die italienische Küche und Pasta sowieso. Ich esse sie nicht nur gern, ich bereite sie einfach auch gern zu. Teig kneten, ausrollen, Nudeln herstellen – Pasta machen ist ein echtes Handwerk und gehört auch in Sterneküchen zur Ausbildung. Und dann ist sie auch noch der perfekte Einstieg für Menschen, die mit dem Thema Wild so ihre Probleme haben. Spaghetti oder Penne bolognese kennt jeder. Das beliebte Gericht bekommt mit dem Wild eine neue Note, bleibt aber eben doch die altvertraute Lieblingsspeise und deshalb ist es viel leichter, Wild-Einsteiger auf diese Weise in die neue Geschmackswelt einzuführen. Dazu passen alle Kräuter des Südens, etwa Salbei oder Rosmarin.

Die Idee, Wild für italienische Rezepte zu verarbeiten, entstand ganz einfach aus der Notwendigkeit, viel Wildfleisch schnell und einfach zu verarbeiten. Um mit den Mengen, mit denen ich bei meinem Einstieg im Spielweg schon ein bisschen zu kämpfen hatte, fertigzuwerden, schien mir die Bolognese am einfachsten. Ich habe große Mengen davon gekocht, portioniert und dann eingefroren. Heute ist sie fast ein Klassiker auf unserer Karte und unser Einsteiger-Gericht für alle, die sich langsam an die Wildküche herantasten wollen. Für meine Rezepte mache ich alle Nudelteige selbst, ganz klassisch mit der Nudelmaschine. Aber natürlich eignet sich, wenn es schnell gehen muss, auch eine gute fertige Pasta. Für die Raviolis empfehle ich, die Füllung in kleinen Portionen einzufrieren und nach Bedarf frische Ravioli damit zu befüllen. Fertig gefüllte eingefrorene Ravioli zerfallen nämlich leicht nach dem Auftauen.

Buon appetito!

RAVIOLI

VOM CONFIERTEN WILDSCHWEINBAUCH MIT GEGRILLTEN APRIKOSEN, MANGOLD AUS DEM GARTEN, EISENKRAUT UND WILDSCHWEIN-LARDO

FÜR 4 PERSONEN

› 800 g Wildschweinbauch
› 1 kg Schweineschmalz
› 3 Knoblauchzehen
› 15 Wacholderbeeren
› 2 Nelken
› 10 Pimentkörner
› 3 Sternanis
› 4 Lorbeerblätter
› 2 Zweige Rosmarin
› 2 Zweige Thymian
› 1 Karotte
› ½ Knollensellerie
› 1 Stange Staudensellerie
› etwas Öl zum Anbraten
› 50 ml Brühe
› 2 Stängel Salbei
› 2 Stängel Petersilie
› Nudelteig (siehe Seite 223)
› 1 Ei
› 6 Aprikosen
› 1 TL Zucker
› 1 Bund Mangold
› 2 EL Butter
› Salz, frisch gemahlener schwarzer Pfeffer
› 16 Scheiben Wildschwein-Lardo, dünn aufgeschnitten
› 1 Bund Eisenkraut

ZUBEREITUNGSZEIT: 1 STUNDE

Den Wildschweinbauch in einen großen Bräter mit Deckel geben und mit dem Schmalz bedecken. Den Knoblauch andrücken und zusammen mit den Gewürzen und den gewaschenen Kräuterzweigen in den Topf geben. Den geschlossenen Bräter in den Backofen stellen und bei 90 °C Ober- und Unterhitze circa 5–7 Stunden garen. Den Schweinebauch nach Ende der Garzeit herausnehmen und mit 2 Gabeln zerrupfen.

Karotte und Sellerie putzen und fein würfeln. In einer Pfanne mit etwas Öl anbraten, mit 500 Millilitern Brühe aufgießen und 30 Minuten schmoren lassen.

Salbei und Petersilie fein hacken. Den geschmorten Knoblauch aus dem Schmalz nehmen und ebenfalls hacken. Das geschmorte Gemüse und die frischen Kräuter in die Schweinebauchmasse geben.

Den Nudelteig dünn ausrollen und mit einem Ausstecher 8 gleich große Kreise ausstechen. 4 der Kreise mit etwas Ei bepinseln und je 1 Esslöffel von der Schweinebauchfüllung daraufgeben. Die anderen 4 Kreise auf die Masse legen, sodass sie mit dem unteren Kreis übereinstimmen. Den oberen Nudelteig von innen nach außen auf den unteren Nudelteig andrücken, sodass fest verschlossene Taschen entstehen und sich keine Luft mehr im Inneren des Ravioli befindet.

Die Aprikosen halbieren, den Stein entfernen und in Ecken schneiden. Auf einer Grillplatte von beiden Seiten ohne Öl anbraten. Mit etwas Zucker bestreuen und karamellisieren lassen. Den Mangold waschen, die unteren Enden abschneiden, blanchieren und in einer Pfanne mit 1 Esslöffel Butter schwenken. Mit Salz und Pfeffer würzen. Die Ravioli in reichlich gesalzenem Wasser 5 Minuten lang kochen. Herausnehmen, in einen Topf mit 1 Esslöffel Butter schwenken und sofort anrichten.

Den Mangold an die Ravioli anlegen, die gegrillten Aprikosen darauf drapieren. Den Wildschwein-Lardo ebenfalls anrichten. Mit Eisenkraut dekorieren.

RAGOUT

VON DER WILDHASENKEULE, ROSENKOHL UND MUSCHELNUDELN

FÜR 4 PERSONEN

FÜR DAS RAGOUT

- 3 schwarze Pfefferkörner
- 2 Wacholderbeeren
- 1 TL Korianderkörner
- 4 Wildhasenkeulen
- 2 Karotten
- ½ Knollensellerie
- 2 Zwiebeln
- 2 Knoblauchzehen
- etwas Sonnenblumenöl
- Salz
- frisch gemahlener schwarzer Pfeffer
- 2 EL Tomatenmark
- 200 ml Rotwein
- 500 ml Wildbrühe (siehe Seite 225)
- 1 Dose passierte Tomaten (400 g)
- 1 Zweig Rosmarin
- 2 Zweige Thymian
- 300 g Rosenkohl
- 800 g Muschelnudeln
- 150 g Ricotta

ZUBEREITUNGSZEIT: 2 ½ STUNDEN

Pfefferkörner, Wacholderbeeren und Korianderkörner in einer Pfanne leicht anrösten. In einen Mörser geben und fein mörsern.

Die Wildhasenkeulen vom Knochen befreien und in circa 2 Zentimeter große Stücke schneiden. Karotten und Sellerie waschen, schälen und in circa 1 Zentimeter große Stücke schneiden. Zwiebeln und Knoblauch schälen und in feine Würfel schneiden.

In einem großen Topf 4 Esslöffel Öl erhitzen. Das Fleisch mit Salz und Pfeffer würzen und in zwei Portionen hineingeben. Von allen Seiten kräftig anbraten. Das Fleisch herausnehmen.

Zwiebeln, Knoblauch, Karotten und Sellerie mit etwas Öl im Topf anrösten. Tomatenmark hinzugeben und mitrösten. In zwei Portionen mit Rotwein ablöschen und einkochen lassen.

Das Fleisch wieder auf das Gemüse in den Topf geben und mit Brühe und passierten Tomaten bedecken. Hierbei sollte das Fleisch komplett mit Flüssigkeit bedeckt sein. Die Kräuterstängel waschen und zusammen mit Salz, Pfeffer und den gemörserten Wildgewürzen in den Topf geben.

Alles im Topf nun für 1 Stunde auf dem Herd langsam köcheln lassen, damit sich eine schöne Sauce ergibt. Nach 1 Stunde kontrollieren, ob das Fleisch gar ist, wenn nicht, weitere 15 Minuten köcheln lassen.

In der Zwischenzeit den Rosenkohl von den äußeren Blättern befreien, halbieren und in reichlich gesalzenem Wasser gar kochen.

Die Nudeln nach Packungsbeilage kochen.

Das Ragout nach Ende der Garzeit erneut abschmecken, die Kräuterstängel entfernen. Nun die frisch gekochten Nudeln in das Ragout geben und nochmals 1 Minute mitkochen.

Auf Teller geben und mit Ricotta und Rosenkohl garnieren.

KLEINE TORTELLINI

VON DER GESCHMORTEN WILDENTENKEULE

FÜR 4 PERSONEN

- 1 Karotte
- ½ Knollensellerie
- ½ Staudensellerie
- 15 Wildentenkeulen
- etwas Öl zum Anbraten
- Salz
- frisch gemahlener schwarzer Pfeffer
- 1 EL Tomatenmark
- 400 ml Rotwein
- 5 Wacholderbeeren
- 2 Zweige Thymian
- 2 Zweige Rosmarin
- 1 l Wildgeflügelfond
- Nudelteig (siehe Seite 223)
- 1 Ei
- 2 EL Butter
- 1 Bund Salbei
- 100 ml Fett zum Frittieren
- 1 Stück Bergkäse
- 1 Schale (125 g) Blaubeeren
- Ringelblume oder frische Kräuter aus dem Garten je nach Saison

ZUBEREITUNGSZEIT: 3 STUNDEN

Das Wurzelgemüse waschen, putzen, gegebenenfalls schälen und in walnussgroße Würfel schneiden. Den Staudensellerie ebenfalls waschen und in walnussgroße Stücke schneiden.

Die Wildentenkeulen in einem großen Bräter in etwas Öl anbraten, wenden und mit Salz und Pfeffer würzen. Das Fleisch aus dem Bräter nehmen und das Wurzelgemüse mit 1 Esslöffel Tomatenmark darin anschwitzen. Das Fleisch zurückgeben, mit Rotwein ablöschen und reduzieren lassen. Den Wacholder, 1 Zweig Thymian und 1 Zweig Rosmarin hinzugeben und mit Wildgeflügelfond aufgießen. Alles im Bräter mit geschlossenem Deckel auf kleiner Flamme circa 2 Stunden sehr weich schmoren lassen.

Das fertig gegarte Fleisch aus dem Sud nehmen und diesen durch ein feines Sieb oder Tuch passieren. Das passierte Gemüse mit einer Gabel zerdrücken. Die Keulen vom Knochen zupfen, das Fleisch hacken und mit dem zerdrückten Gemüse vermengen. Die Masse nun mit dem übrigen, Thymian und Rosmarin hacken und damit abschmecken. Wenn die Masse zu trocken ist, etwas von dem abpassierten Fond dazugießen. Der Fond wird noch intensiver, wenn er davor stark eingekocht wird, circa auf die Hälfte. Dann kann er gut zur Masse gegeben werden. So bleiben die Tortellini schön saftig und schmecken besser.

Den Nudelteig dünn ausrollen und mit einem Ausstecher 28 runde Teigplatten ausstechen. Die Teigplatten mit etwas Ei leicht einpinseln und 20 Gramm der Wildentenmasse daraufgeben. Zuklappen und fest verschließen, sodass ein Halbmond entsteht. Die beiden Enden nach innen zusammenziehen und verschließen. Die Tortellini in reichlich gesalzenem Wasser 5 Minuten lang kochen. Die Tortellini aus dem Wasser nehmen und in einem Topf mit 2 Esslöffeln zerlassener Butter schwenken.

Den Salbei vom Stiel zupfen und die Blätter in heißem Fett oder der Fritteuse frittieren. Legen Sie die frittierten Blätter danach auf ein Küchentuch, sodass das überschüssige Fett abtropfen kann. Richten Sie die fertigen Tortellini auf einem Teller an und hobeln Sie den Bergkäse hauchdünn darüber. Dekorieren Sie die Tortellini nun mit dem frittierten Salbei, Blaubeeren und Blüten aus dem Garten (zum Beispiel Ringelblume).

AGNOLOTTI VOM GESCHMORTEM REHBAUCH

MIT KÜRBIS-CHUTNEY, GEPICKELTEM KÜRBIS, KÜRBISKERNEN UND KÜRBISSCHAUM

FÜR 4 PERSONEN

- 4 Rehbäuche
- Salz, frisch gemahlener schwarzer Pfeffer
- etwas Sonnenblumenöl zum Anbraten
- Nudelteig (siehe Seite 223)
- etwas Mehl für die Arbeitsfläche
- 1 Ei
- etwas Butter
- 1 Bund Blattpetersilie
- Kürbiskerne

FÜR DEN SCHMORANSATZ

- 3 Zwiebeln
- 2 Karotten
- ½ Knollensellerie
- 1 Stange Lauch
- 1 EL Tomatenmark
- 200 ml Rotwein
- 1 l Brühe
- 1 Zweig Rosmarin
- 1 Zweig Thymian
- 5 Wacholderbeeren
- 5 Pfefferkörner

Agnolotti

Den Backofen auf 160 °C vorheizen. Die Zwiebeln, Karotten, Sellerie und Lauch waschen und in walnussgroße Stücke schneiden.

Rehbäuche mit Salz und Pfeffer würzen und in einem Bräter mit etwas Sonnenblumenöl von beiden Seiten anbraten. Das Fleisch herausnehmen und das Gemüse im Bräter rösten. Hierbei den Lauch erst mal weglassen. Das Tomatenmark hinzugeben und mitrösten. Mit Rotwein ablöschen und mit Brühe aufgießen. Die Rehbäuche sowie den Lauch und die Kräuter und Gewürze in den Bräter geben und mit Wasser bedecken. Das Ganze bei 160 °C für 2 Stunden im Ofen schmoren lassen. Die Konsistenz des Fleisches mehrmals mithilfe einer Fleischgabel überprüfen.

Nach Ende der Garzeit das Fleisch aus dem Bräter nehmen und den Schmoransatz auf ein Sieb geben. Hierbei die Flüssigkeit auffangen. Sellerie, Lauch und Karotten heraussuchen und mit einer Gabel zerdrücken.

Das Fleisch von allen Knochen, Sehnen und Knorpeln befreien, mithilfe von zwei Gabeln auseinanderzupfen und mit dem geschmorten Gemüse vermengen. Die Masse in eine Schüssel geben und mit Salz und Pfeffer abschmecken.

Den Nudelteig mithilfe einer Nudelmaschine oder einem Nudelholz auf einer bemehlten Arbeitsfläche circa 2 Millimeter dünn ausrollen. Die Teigplatte mit Ei bepinseln. Nun die Masse auf das untere Viertel des Teiges geben. Den Nudelteig einfach nach innen um die Masse schlagen und nach oben einrollen, bis nur noch ½ Zentimeter übersteht. Die so entstandene Rolle mithilfe der Hände zwischen Daumen und Zeigefinger in kleine Abteile zusammendrücken. Dabei das überstehende Ende nicht mit festdrücken. Die Abteile mit einem Messer oder einem Teigrädchen trennen. Die so entstandenen Agnolotti in reichlich gesalzenem Wasser gar kochen.

Fortsetzung: nächste Seite

FÜR DAS KÜRBIS-CHUTNEY
- 2 Schalotten
- ½ Butternutkürbis
- 1 kleines Stück Ingwer
- etwas Sonnenblumenöl
- 100 ml Weißwein
- 200 ml Brühe

FÜR DEN KÜRBISSCHAUM
- 3 Schalotten
- ½ Butternutkürbis
- etwas Sonnenblumenöl
- 150 ml Weißwein
- 200 ml Brühe
- 2 Lorbeerblätter
- 100 ml Sahne
- 150 g Butter
- Salz
- frisch gemahlener schwarzer Pfeffer

FÜR DEN GEPICKELTER KÜRBIS
- 100 ml Wasser
- 100 ml Weißweinessig
- 100 g Zucker
- 1 Sternanis
- 1 Lorbeerblatt
- 20 hauchdünne Scheiben vom Kopf des Butternutkürbis
- ½ Bund Petersilie
- 100 ml Fett zum Frittieren
- 1 EL Kürbiskerne
- etwas Sonnenblumenöl
- Mehl zum Bestäuben
- Salz

ZUBEREITUNGSZEIT: 3 STUNDEN

Aus dem Wasser nehmen und in einer Pfanne mit etwas Butter schwenken.

Den aufgefangenen Schmorfond einfrieren oder einkochen, und beim nächsten Schmoransatz anstelle von Wasser dazugeben.

Kürbis-Chutney
Schalotten, Kürbis und Ingwer schälen und in feine Würfel schneiden.

Schalotten und Ingwer in etwas Sonnenblumenöl anschwitzen, Kürbis dazugeben und mit Weißwein ablöschen. Mit Brühe auffüllen und köcheln lassen, bis die Flüssigkeit verkocht ist.

Einen Teil des Chutneys mit einem Stabmixer leicht an mixen, damit eine bessere Bindung entsteht.

Kürbisschaum
Die Schalotten schälen und in feine Würfel schneiden. Den Kürbis schälen, klein schneiden und zusammen mit den Schalotten in einem Topf mit etwas Sonnenblumenöl anschwitzen.

Mit Weißwein ablöschen, Brühe und Lorbeerblätter hinzugeben und um die Hälfte reduzieren lassen. Nun die Lorbeerblätter herausnehmen. Mit Sahne aufgießen, einmal aufkochen lassen und dann die Sauce mithilfe eines Stabmixers oder Standmixers pürieren. Nach und nach die kalte Butter hinzugeben. Mit Salz und Pfeffer abschmecken. Zum Schluss die Sauce durch ein feines Sieb geben.

Gepickelter Kürbis
Wasser, Essig und Zucker zusammen mit den Gewürzen aufkochen. Topf an die Seite stellen. Die fein geschnittenen Kürbisscheiben in den Pickelfond geben und ziehen lassen.

Die Petersilie vom Stiel zupfen und die Blätter in einer Pfanne mit heißem Fett oder in der Fritteuse frittieren. Danach auf ein Küchentuch legen, sodass das überschüssige Fett abtropfen kann.

Die Kürbiskerne in einer Pfanne mit etwas Sonnenblumenöl leicht rösten, mit Mehl bestäuben und salzen.

Die Agnolotti auf einem Teller anrichten, das Chutney beliebig verteilen. Die gepickelten Kürbisscheiben zu kleinen Rollen formen und in die Zwischenräume stecken.

Mit Petersilie und Kürbiskernen garnieren. Die Sauce aufschäumen und auf dem Teller anrichten.

SPAGHETTI ALLE VONGOLE

MIT WILDSCHWEINPANCETTA UND GESCHMORTEN TOMATEN

FÜR 4 PERSONEN

- 1 kg Vongole (Venusmuscheln)
- 12 dünne Scheiben fetter Wildschwein-Pancetta (alternativ: Hirschschinken oder Schweine-Pancetta)
- etwas Sonnenblumenöl
- 500 g hochwertige Spaghetti
- 4 Schalotten
- 2 Knoblauchzehen
- 20 Kirschtomaten
- ½ Bund Petersilie
- 8 etwas dickere Scheiben Wildschwein-Pancetta
- 500 ml Weißwein
- frisch gemahlener schwarzer Pfeffer
- Salz

ZUBEREITUNGSZEIT: 45 MINUTEN

Die Muscheln in eine Schüssel geben, mit kaltem Wasser bedecken und 15 Minuten darin liegen lassen. Das Wasser mindestens zweimal wechseln. So spülen die Muscheln den restlichen Sand und Dreck nach außen.

Die 12 dünneren Scheiben Pancetta in einer Pfanne mit wenig Sonnenblumenöl knusprig braten.

Die Spaghetti nach Anleitung kochen.

Die Schalotten und Knoblauch schälen und fein würfeln.

Die Kirschtomaten halbieren, die Petersilie waschen, trocken tupfen und in feine Streifen schneiden.

Die dickeren Scheiben Wildschwein-Pancetta in Streifen schneiden und zusammen mit den Zwiebeln und dem Knoblauch in einer heißen Pfanne mit etwas Sonnenblumenöl glasig anschwitzen.

Die Kirschtomaten hinzugeben und kurz mitschwenken.

Die Muscheln aus dem Wasser holen, gut abtropfen lassen und in die heiße Pfanne geben.

Sofort mit Weißwein ablöschen. Mit einem Deckel verschließen und 7–9 Minuten köcheln lassen, bis sich alle Muscheln geöffnet haben.

Nun die frisch abgeschütteten, nicht abgeschreckten Spaghetti sowie die geschnittene Petersilie in die Muschel-Tomaten-Speck-Sauce geben.

Mit Pfeffer und Salz abschmecken. 2 Minuten köcheln lassen und auf einem Pasta-Teller anrichten.

Mit dem knusprig gebratenen Speck garnieren.

HANDGESCHNITTENE BOLOGNESE

VOM HIRSCHKALB MIT PAPPARDELLE UND PFIFFERLINGEN

FÜR 4 PERSONEN

- 1 EL Nelken
- 1 EL Wacholderbeeren
- 5 Lorbeerblätter
- 1 EL Korianderkörner
- 800 g Bürgermeisterstück vom Hirschkalb
- 3 Schalotten
- 3 Knoblauchzehen
- 1 Karotte
- ½ Knollensellerie
- etwas Öl zum Anbraten
- 100 ml Portwein
- 200 ml Rotwein
- 1 Dose geschälte Tomaten (250 g)
- 2 EL Tomatenmark
- 250 ml Wildbrühe (siehe Seite 225)
- 1 Zweig Rosmarin
- 1 Zweig Thymian
- Salz, frisch gemahlener schwarzer Pfeffer
- Nudelteig (siehe Seite 223)
- 300 g Pfifferlinge
- 1 Rispe Kirschtomaten
- 1 Stück Parmesan
- Minze
- Basilikum

ZUBEREITUNGSZEIT:
1 STUNDE 45 MINUTEN

Die Nelken, Wacholderbeeren, Lorbeerblätter und Korianderkörner in einer Pfanne ohne Fett rösten. Anschließend mörsern. So entsteht unser Wildgewürz für die weitere Verarbeitung.

Das Bürgermeisterstück in feine Würfel schneiden. Die Schalotten, die Knoblauchzehen, die Karotte und den Sellerie schälen und ebenfalls fein würfeln.

Das Fleisch in einem Bräter mit etwas Öl anschwitzen, Knoblauch, Schalotten und 1 Esslöffel Wildgewürz dazugeben. Mit Portwein und Rotwein ablöschen und einkochen lassen. Die geschälten Tomaten aus der Dose sowie etwas Tomatenmark und die Brühe dazugeben und 1 Stunde bei mittlerer Hitze köcheln lassen. Kurz vor Ende der Garzeit den gehackten Rosmarin, Thymian, Salz sowie gemahlenen schwarzen Pfeffer dazugeben.

Den Nudelteig dünn ausrollen und mit einem Messer in circa 2 Zentimeter breite und 20 Zentimeter lange Streifen schneiden. In einem großen Topf mit reichlich gesalzenem Wasser circa 3 Minuten lang kochen.

Die Pfifferlinge putzen und in einer heißen Pfanne mit etwas Öl anbraten. Die Kirschtomaten halbieren und zu den Pfifferlingen in die Pfanne geben.

Die fertig gekochten Nudeln aus dem Wasser nehmen und in die Pfanne zu den Pfifferlingen und Tomaten geben.

Nun die Bolognese dazugeben und schwenken.

In einem tiefen Teller anrichten und mit gehobeltem Parmesan sowie Minze und Basilikum dekorieren.

REHTELLO TONNATO

GEGRILLT VOM BIG GREEN EGG MIT KAPERN UND WILDKRÄUTERN

FÜR 4 PERSONEN

- 2 Oberschalen aus der Rehkeule
- Salz
- frisch gemahlener schwarzer Pfeffer
- etwas Öl zum Anbraten
- 4 TL Kapern
- 2 Kapernäpfel
- Wildkräuter

FÜR DIE THUNFISCH-SAUCE

- 1 Eigelb
- 1 TL Senf
- 170 ml Sonnenblumenöl
- 30 ml Olivenöl
- 1 EL Kapern und etwas zum Dekorieren
- 1–2 Sardellenfilets (in Öl)
- 185 g Thunfisch aus der Dose (im eigenen Sud; Abtropfgewicht: 140 g)
- Salz
- frisch gemahlener schwarzer Pfeffer
- 1 TL Zitronensaft
- Wildkräuter zum Dekorieren

ZUBEREITUNGSZEIT: 1 STUNDE

Das Fleisch parieren, mit Salz und Pfeffer würzen und in einer Pfanne mit etwas Öl von beiden Seiten kurz anbraten.

Das Big Green Egg anheizen und bei einer mittleren Glut das Fleisch anbraten, bis es gleichmäßig angegrillt ist. Dann die Luftzufuhr des Big Green Egg etwas schließen, um die Hitze ein wenig zu reduzieren. Jetzt die Rehkeule wieder auf den Grillrost legen. So lange auf dem Grill lassen, bis eine Kerntemperatur von 54 °C erreicht ist.

Das Fleisch herausnehmen und einige Zeit auskühlen lassen.

Thunfischsauce

Eigelb und Senf in einen Standmixer geben, unter ständigem Mixen das Öl langsam einfließen lassen, bis eine Bindung entsteht.

Nun die Kapern, Sardellen und den Thunfisch zugeben und fein mixen. Mit Salz, Pfeffer und Zitronensaft abschmecken.

Das Fleisch mithilfe einer Küchenmaschine dünn aufschneiden und auf einen Teller legen. Mit der Thunfischsauce bestreichen, mit Kapern und Wildkräutern ausdekorieren.

WEISSES RAGOUT

VOM FASAN MIT TAGLIATELLE UND GESCHMORTEN ROTEN ZWIEBELN

FÜR 4 PERSONEN

› 3 schwarze Pfefferkörner
› 2 Wacholderbeeren
› 1,5 kg Fasanenkeule
› 5 Schalotten
› 3 Knoblauchzehen
› etwas Sonnenblumenöl
› Salz, Mélange Noir (Pfeffermischung)
› 250 ml Weißwein
› 500 ml Wildbrühe (siehe Seite 225)
› 250 ml Sahne
› 4 Stängel gehackter Thymian + 1 Stängel gehackter Rosmarin
› bei Bedarf: etwas Saucenbinder
› 2 Stängel Thymian
› etwas Butter
› Nudelteig (Seite 223)
› etwas Mehl

FÜR DIE GESCHMORTEN ROTEN ZWIEBELN

› 8 rote Zwiebeln
› 1 EL Zucker
› 150 ml Portwein
› 250 ml Rotwein
› schwarzer Pfeffer
› Mélange Noir (Pfeffermischung)
› 3 EL Butter

ZUBEREITUNGSZEIT: 2 STUNDEN

Nelke, Pfefferkörner, Wacholderbeeren und Korianderkörner in einer Pfanne leicht anrösten. In einen Mörser geben und fein mörsern.

Die Fasanenoberkeulen abschneiden (aufgrund der verknöcherten Sehnen nur für Jus oder Suppen geeignet). Die Fasanenunterkeulen auslösen, von Knochen und Knorpel befreien und die Haut abziehen. Das Fleisch in feine Würfel schneiden.

Die Schalotten und den Knoblauch schälen und ebenfalls in feine Würfel schneiden.

Das Fasanenfleisch in einem Bräter mit etwas Sonnenblumenöl anbraten, mit etwas Salz, Mélange Noir und die gemörserten Gewürze zufügen und mit Weißwein ablöschen. Den Weißwein anschließend einkochen lassen. Nun mit Brühe auffüllen und circa 40 Minuten köcheln lassen. Wenn das Fleisch gar ist und die Brühe circa zur Hälfte eingekocht ist, die Sahne dazugeben. Weitere 15 Minuten köcheln lassen. Die Hälfte des gehackten Thymians und den Rosmarin dazugeben. Gegebenenfalls das Ragout mit etwas Saucenbinder andicken.

Für die geschmorten roten Zwiebeln die Zwiebeln schälen und vierteln. Zucker in einem Topf karamellisieren lassen, die Zwiebeln dazugeben und mit Portwein und Rotwein ablöschen. Die Gewürze und den Thymianzweig dazugeben und langsam einköcheln lassen. Wenn der Wein fast verkocht ist, die Butter hinzugeben.

Die zweite Hälfte des gehackten Thymians in einer Pfanne mit etwas Öl und Butter kurz anbraten und auf einem Küchentuch abtropfen lassen.

Für die Tagliatelle den Nudelteig mithilfe einer Nudelmaschine oder einem Nudelholz auf einer bemehlten Arbeitsfläche circa 2 Millimeter dünn ausrollen. Die Teigplatte mit Mehl bestäuben und in circa 5 Millimeter breite und 20 Zentimeter lange Streifen schneiden. Die so entstandenen Tagliatelle circa 3 Minuten im Salzwasser kochen. Die Tagliatelle abschütten und in das Ragout geben. Kurz aufkochen lassen, in einem tiefen Teller anrichten, mit den geschmorten roten Zwiebeln und dem gebratenen, gehackten Thymian garnieren.

GESCHMORTE REHHÄXCHEN

MIT GREMOLATA, GRÜNEN BOHNEN UND BROMBEEREN

FÜR 4 PERSONEN

- 1 Karotte
- ¼ Knollensellerie
- 1 Stange Lauch
- 4 Zwiebeln
- 4 Rehhaxen
- Salz
- frisch gemahlener schwarzer Pfeffer
- etwas Öl zum Anbraten
- 1 TL Tomatenmark
- 700 ml Rotwein
- 4 l Wildbrühe (siehe Seite 225)
- 600 g Bohnen
- etwas Butter
- 2 Zweige Bohnenkraut

FÜR DIE GREMOLATA

- 1 Knoblauchzehe
- 1 Bund Petersilie
- 200 ml Olivenöl
- Abrieb von 1 Orange

FÜR DAS BROMBEER-RAGOUT

- 1 EL Zucker
- 100 ml Brombeersaft
- 1 Schale Brombeeren (ca. 125 g)

ZUBEREITUNGSZEIT: 3 STUNDEN

Das Gemüse gründlich waschen und die Zwiebeln schälen. Gemüse in walnussgroße Stücke schneiden.

Die Haxen mit Salz und Pfeffer würzen und in einem Bräter mit etwas Öl von beiden Seiten anbraten. Herausnehmen. Die Zwiebeln und die Karotten in dem Bräter mit etwas Öl kräftig anschwitzen. Das Tomatenmark dazugeben und einige Minuten mitrösten lassen.

Mit 200 Milliliter Rotwein ablöschen und reduzieren lassen. Wenn der Rotwein verkocht ist und das Gemüse wieder brät, erneut mit Rotwein ablöschen. Beim dritten Mal dann mit dem restlichen Rotwein ablöschen. Erneut einkochen lassen, die Haxen wieder in den Bräter geben, den Lauch dazugeben und mit Wildbrühe auffüllen. Abgedeckt bei mittlerer Hitze circa 2 Stunden schmoren.

Die Bohnen putzen und in reichlich gesalzenem Wasser blanchieren. In einer Pfanne mit etwas Butter schwenken und mit Bohnenkraut, Salz und Pfeffer abschmecken.

Gremolata
Die Knoblauchzehe und die Petersilie mit etwas Olivenöl auf einem Brett so lange hacken, bis das Öl die grüne Farbe der Petersilie annimmt. Dann alles in eine kleine Schüssel geben und den Abrieb einer Orange dazugeben.

Brombeerragout
Den Zucker in einem Topf karamellisieren lassen und mit Brombeersaft ablöschen. Den Sud einkochen lassen und die frischen Brombeeren dazugeben.

Alles auf einem Teller anrichten.

WILD-EXKURS

SCHULTERHÖHE:
54–84 Zentimeter

GEWICHT:
10–25 Kilogramm

Das Europäische Reh *(capreolus capreolus)* gehört zur häufigsten und kleinsten Schalenwildart in unseren Breiten. Eigentlich ein klassischer Waldrandbewohner, besiedelt es heute ebenso die unbewaldeten Steppen- und Ackergebiete, wo es im Winter auch größere Gruppen, sogenannte »*Sprünge*«, bilden kann.

Nur die männlichen Tiere tragen ein Gehörn, das sie im Herbst abwerfen und bis zum Frühjahr neu schieben. Bezüglich ihrer Nahrung sind sie wählerisch. Sie äsen (fressen) am liebsten frische Triebe, Knospen und später im Jahr auch die nahrhaften Bucheckern.

BRUNFT:
Juli bis August

JAGDZEIT:
Mai bis Januar

REHWILD

1.
2.
3.
4.

IN DER KÜCHE

Rehfleisch gehört nicht nur zur beliebtesten, sondern auch zur bekanntesten in der Küche verwendeten Wildart. Nicht verwunderlich, wenn man bedenkt, dass jährlich über eine Million Rehe in Deutschland erlegt werden, Tendenz steigend. Nach der Jagd muss jedes Reh aufgebrochen werden. Jetzt (die Innereien sind entnommen) hängt es an der Decke ca. 2 bis 3 Tage ab, bis der Jäger es zerwirkt – also in seine Teilstücke zerlegt! Da ein Reh nicht sehr groß ist und alle Teile sehr gut zu verarbeiten sind, kann es sinnvoll sein, ein ganzes küchenfertig zerlegtes Reh vom Jäger zu kaufen und in Teilen einzufrieren.

1. HALS UND BRUST:
Sehr gut zum Schmoren oder als Ragout.

2. SCHULTER:
Wie beim Gamsfleisch im Ganzen mit dem Knochen geschmort, ergibt sich ein saftiger Braten oder entbeint ein Ragout. Auch als Hack geeignet.

3. RÜCKEN:
Kann mit dem Knochen im Ganzen gebraten werden. Die Rückenstränge können ausgelöst rosa gebraten werden oder als Medaillons kurz gebraten. Den Rippenbogen kann man beispielsweise sehr gut grillen.

4. KEULE:
Eignet sich für Schnitzel oder auch auch als Ganzes aus dem Grill oder im Ofen.

5. REHHERZ, NIERE UND LEBER:
Unbedingt kurz braten; schmeckt gut mit Zwiebeln, Äpfeln oder auch Quitten.

Spielweg

SPIELWEG

KÜCHENTEAM

ZUSAMMEN STARK

Jeder Küchenchef weiß es, jeder Chef weiß es: Ohne ein gutes Team kann man definitiv keinen Blumentopf gewinnen. Ohne mein Team könnte ich nicht jeden Tag meine verrückten Ideen umsetzen, mich weiterentwickeln und meinen Wildgerichten eine ganz eigene Sprache verpassen. Ohne all die Helfer und Unterstützer kann es nicht funktionieren.

Als ich von meiner Ausbildung zurückkam nach Hause, noch unerfahren, und plötzlich vom Commis de Cuisine zur Küchenchefin wurde, war alles neu. Plötzlich hatte ich das Zepter in der Hand, dort, wo eigentlich immer mein Vater stand. Ich kam in eine Küche, die ich zwar kannte, aber in der ich noch nie gekocht hatte und schon gar nicht die Entscheidungen hatte treffen müssen. Ich wusste immer, dass ich irgendwann zurückkommen würde, aber ich wollte mich nicht festlegen und ich wurde auch nicht gedrängt. Umso mehr war es ein Sprung ins kalte Wasser, als sich mein Vater aus gesundheitlichen Gründen zurückziehen musste und ich plötzlich die »Chefmütze« trug. All die Fragen kamen: Wie führe ich eine Küche? Was will ich übernehmen, was ändern? Wo und wie brauche ich Unterstützung und was kann ich dazulernen? Mit meiner Tendenz zur kreativen Chaotin war das Organisieren und Strukturieren von Küchenplänen jedenfalls nicht meine größte Stärke. Umso dankbarer bin ich für ein Team, das von Anfang an gut mitgemacht und mich unterstützt hat.

Inzwischen haben mein Freund Johannes und ich uns ein tolles Küchenteam aufgebaut. Das ist mir sehr wichtig, sonst kann ich einfach nicht arbeiten.

Lisa und Christoph sind meine linke und rechte Hand. Christoph ist mein Sous-Chef und Lisa Assistent Kitchen Manager, und ohne die beiden ginge es nicht. Sie koordinieren alle Außer-Haus-Aufträge, Veranstaltungen, meine TV-Geschichten. Lisa hat mir mit jedem Rezept für dieses Buch geholfen und beide vertreten uns, wenn Johannes und ich mal Urlaub machen. Christoph ist außerdem für den Fleischposten und für alle Bestellungen zuständig. Wir sind ein Viererteam und auch noch enge Freunde, helfen uns, beraten uns und sind hier zu Hause.

Insgesamt sind wir immer so um die zwölf im Team, fünf davon fest angestellt und zuständig für ihre Küchenposten. Das größte Kompliment, das wir bekommen, ist, dass viele ehemalige Azubis zu uns zurückkommen.

Zu ihnen gehört zum Beispiel Linus, unser Commis Saucier, der einen wichtigen Platz bei uns hat, genauso wie Raffi, der als Spüler anfing und nun Chef Entremetier ist.

Auch Jay, unser amerikanischer Austauschkoch, ebenso wie all unsere Azubis, die uns sehr wichtig sind: Flo, Flo, Tobi, Noah, Melissa, Stephan, Filip, Jonas und Sinah, deren Ausbildung wir sehr konsequent umsetzen und deren Wachstum wir eng begleiten.

Sie alle sind Teil unserer sehr familiär geführten Küche, in der wir uns mit Respekt und Fairness begegnen. Wir arbeiten jeden Tag so eng zusammen, da muss die Stimmung und das Miteinander einfach funktionieren.

JRE

WILD asiatisch

SCHWARZWALD GOES ASIA

Die Idee, einer eher klassisch ausgerichteten Küche mit asiatischen Einflüssen einen neuen Twist zu geben, hat sich erst im Laufe der Jahre entwickelt. Schon immer kam mir die traditionelle Wildküche zu fleischlastig und zu schwer vor. Mir war klar, dass ich neben den Klassikern einen eigenen Weg und auch eine eigene Handschrift finden musste, um endgültig anzukommen und auch Menschen zu überzeugen, die Wildfleisch für streng und trocken halten. Ich hatte keine Lust mehr, einfach nur ein Rehragout zu kochen, ich wollte etwas Neues probieren. Und so fing ich an, mit Ingwer oder Zitronengras zu würzen.

Die Wende kam aber, als ich mein erstes asiatisches Wildschweinragout im Ofen vergessen hatte. Das unfreiwillige Ergebnis dieses Zwischenfalls war eine Art japanisches Pulled Pork. Ich habe die Masse in dünne Teigtaschen gefüllt und gedämpft. Das Ergebnis entsprach leckeren Dim Sums. Meine Schwester Kristin war die Erste, die probierte und die auch sofort und voller Überzeugung entschied, die Neukreation auf unsere kleine Extra-Karte zu setzen. Seitdem ist es eine Art Signature Dish geworden. Ich freue mich jeden Tag, dass Menschen, die am Anfang mit Schnitzel und Flädlesuppe einsteigen, nach drei Tagen nicht genug von Currys oder der Wildenten Pho bekommen können. Ich würze nie zu scharf, das ist mir wichtig, denn wirklich gut scharf essen kann ich leider nicht.

Kristin ist meine Vorkosterin. Sie hat einen guten Geschmack und weiß genau, was unsere Gäste mögen und wann ich vielleicht doch zu sehr über die Stränge geschlagen habe. Ich entwickle derweil weiter, lasse mich von asiatischen Kochbüchern und Reisen inspirieren.

WILDSCHWEIN DIM SUM

FÜR 4 PERSONEN

- 2 Karotten
- ½ Knollensellerie
- ½ Staudensellerie
- 2 Zwiebeln
- 1 kg Wildschweinnacken oder Schulter oder Haxe
- 5 Stangen Zitronengras
- ½ Handvoll Ingwer
- 2 l Gemüsebrühe
- 2 Knoblauchzehen
- ½ Packung Glasnudeln (50 g)
- 1 Packung Zuckerschoten (200 g)
- 1 Packung Mini-Mais (100 g)
- 300 g Shiitakepilze
- etwas Öl zum Anbraten
- 1 Knolle Galgant
- 100 g Sesam
- 300 ml Sojasauce
- 1 Bund Minze
- 1 Bund Koriander
- (gekaufter) Dim-Sum-Teig für 16 Stück
- 1 Eiweiß
- 120 ml Sojasauce
- 4 Prisen Sesam

ZUBEREITUNGSZEIT: 5 STUNDEN

Das Wurzelgemüse putzen und in kleine Würfel schneiden. Den Staudensellerie waschen, putzen, die Zwiebeln schälen und beides ebenfalls in Würfel schneiden.

Das Wildschweinfleisch in walnussgroße Würfel schneiden, mit 3 Stangen angeklopftem Zitronengras und klein geschnittenem Ingwer in einem großen Bräter anbraten. Mit Gemüsebrühe auffüllen und langsam schmoren lassen.

Nach der Hälfte der Garzeit das Wurzelgemüse und den Knoblauch dazugeben, weiterschmoren lassen und gegebenenfalls wieder mit Brühe auffüllen, bis das Fleisch zerfällt, das Gemüse weich und die ganze Brühe komplett eingekocht ist.

Das Zitronengras entfernen und die Masse mit zwei Gabeln auseinanderzupfen, sodass keine größeren Stücke mehr zu erkennen sind.

Die Glasnudeln 5 Minuten in kaltem Wasser einweichen, absieben, hacken und unter die Masse geben.

Die Zuckerschoten, den Mini-Mais und die Shiitakepilze sehr fein schneiden, in etwas Öl anbraten und unter die Masse geben. Diese nun mit geriebenem Ingwer, Galgant, Zitronengras, Sesam und Sojasauce abschmecken. Die frische Minze und den Koriander hacken und ebenfalls unter die Masse geben.

Den in 16 Stücke geteilten Dim-Sum-Teig auf die Arbeitsfläche legen und den Rand leicht mit Eiweiß bepinseln. Circa 20 Gramm der Masse auf jedes Teigstück verteilen und dieses zur Hälfte zusammenklappen, sodass jeweils ein Halbmond entsteht. Übrige Füllmasse vakuumieren und einfrieren und für die nächsten Dim Sums aufheben.

Die gefüllten Teigtaschen aufstellen, damit sie einen festen Stand bekommen.

Nun die Dim Sum in einen eingeölten Dämpfeinsatz geben und für 4–6 Minuten dämpfen.

Spielweg

GELBES FASANEN-CURRY

FÜR 4 PERSONEN

- 5 Schalotten
- 3 Knoblauchzehen
- 1 Karotte
- 100 g Ingwer
- 70 g Galgant
- 4 Stangen Zitronengras
- Sonnenblumenöl
- 40 g gelbe Currypaste
- 1 EL Tomatenmark
- 1 EL Kurkumapulver
- ¼ Stange Zimt
- 1 Sternanis
- 5 Korianderkörner
- 1 l Gemüsebrühe
- 1 l Kokosmilch
- 1 TL Tamarindenpaste
- 2 Stängel Minze
- 2 Stängel Koriander
- 5 Limettenblätter
- 4 Fasanenbrüste
- Salz
- frisch gemahlener schwarzer Pfeffer
- etwas Butter
- 120 g Reis

EINLAGE

- 1 Paket Buchenpilze
- 15 Zuckerschoten
- 1 Bund Mangold
- 8 Stangen grüner Spargel
- Salz
- 200 g Edamame
- 8 Mini-Mais
- 8 Kirschtomaten
- etwas Öl zum Anbraten

ZUBEREITUNGSZEIT: 1 ½ STUNDEN

Den Backofen auf 145 °C vorheizen. Die Schalotten, den Knoblauch und die Karotte schälen und in feine Würfel schneiden. Ingwer, Galgant und Zitronengras fein schneiden. Alles zusammen in einem Topf glasig in etwas Sonnenblumenöl anschwitzen.

In der Mitte des Topfes eine freie Stelle schaffen und die gelbe Currypaste, Tomatenmark sowie das Kurkumapulver mit 7 Esslöffeln Öl circa 4 Minuten anbraten. Das Öl ist besonders wichtig, da es Geschmack und Intensität transportiert. Zimt, Sternanis und Korianderkörner dazugeben. Alles miteinander vermengen und weiter anschwitzen.

Mit Gemüsebrühe und Kokosmilch auffüllen, Tamarindenpaste, je 1 Stängel Minze und Koriander sowie Limettenblätter dazugeben und bei mittlerer Hitze weiterkochen.

Die Fasanenbrüste mit Salz und Pfeffer würzen und in einer Pfanne mit etwas Sonnenblumenöl von beiden Seiten anbraten. Im vorgeheizten Ofen bei 145 °C 8 Minuten mit je 1 Stängel von Minze und Koriander garen.

Da es immer wieder große Unterschiede beim Gewicht der Fasanenbrüste gibt, ist es sinnvoll, nicht nach Zeit, sondern nach Temperatur zu gehen. Die Fasanenbrust bei 45 °C Kerntemperatur aus dem Ofen holen. An einem warmen Ort ruhen lassen und später nochmals in der Pfanne mit etwas Butter nachbraten. So ist das Fleisch zarter, da es eine Ruhezeit hatte.

Den Reis nach Anleitung kochen.

Einlage

Die Buchenpilze abschneiden. Die Zuckerschoten, den Mangold und den grünen Spargel in Stücke schneiden und in genügend gesalzenem Wasser blanchieren. Die Edamame aus den Schoten pulen und ebenfalls kurz blanchieren. Danach in einer Pfanne mit den Buchenpilzen, Mini-Mais, dem Rest von Minze und Koriander und den halbierten Kirschtomaten anbraten.

Das Gemüse auf Tellern anrichten, mit dem Curry aufgießen, die Fasanenbrust aufschneiden und darauf anrichten.

Mit gehackter Minze und Koriander und einer Blüte garnieren.

VIETNAMESISCHE SUMMER ROLLS

MIT CONFIERTER WILDENTEN-KEULE UND ERDNUSSSOSSE

FÜR 4 PERSONEN

- 12 Wildentenkeulen
- 200 g Pökelsalz
- 100 g brauner Zucker
- 5 Lorbeerblätter
- 10 weiße Pfefferkörner
- 5 Nelken
- 4 Wacholderbeeren
- 2 l Entenfett oder -öl

FÜR DIE SAUCE

- 200 ml Kokosmilch
- 100 ml Geflügelbrühe
- 1 EL Chiliöl
- 4 EL Erdnussbutter
- 1 EL Sojasauce
- 1 EL Fischsauce (Red Boat)
- Saft von 1 Limette
- 20 g geröstete und leicht karamellisierte Erdnüsse

FÜR DIE SUMMER ROLLS

- 1 Gurke, 2 Karotten
- ½ Kopfsalat
- ½ Bund Koriander
- ½ Bund Minze
- 8 Reispapier-Blätter

ZUBEREITUNGSZEIT: 20 MINUTEN + PÖKELZEIT 1 ½ TAGE

Die Wildentenkeulen in eine Pökellake einlegen. Hierfür 4 Liter Wasser, Pökelsalz und braunen Zucker zusammen mit den Gewürzen in einem Topf aufkochen. Die Keulen in einem tiefen Gefäß mit dem abgekühlten Pökelfond bedecken. Für 24 Stunden an einem kühlen Ort ziehen lassen.

Die Keulen aus der Pökellake nehmen, abtupfen und in einen Bräter geben. Mit Öl (Gänse-, Enten- oder auch neutralem Öl) bedecken. Lorbeer, Pfeffer, Nelken und Wacholder aus dem Pökelfond passieren und hinzugeben. Mindestens 1 Stunde bei circa 85 °C leicht sieden lassen. Die Keulen sind fertig, wenn das Fleisch leicht vom Knochen fällt.

Kokosmilch und Geflügelbrühe zusammen mit dem Chiliöl aufkochen. Die Erdnussbutter hineinrühren, mit Sojasauce, Fischsauce und Limettensaft abschmecken. Die gerösteten und leicht karamellisierten Erdnüsse hacken und hinzugeben.

Die Gurke waschen, halbieren, das Kerngehäuse entfernen und in lange Streifen schneiden. Die Karotten schälen und ebenfalls in sehr feine Streifen schneiden. Die Blätter des Salates zupfen, waschen und trocken schleudern. Ebenfalls in Streifen schneiden.

Das Keulenfleisch von Knochen, Sehnen und Knorpeln befreien. Auseinanderzupfen, sodass die Stücke nicht zu groß sind. Von Koriander- und Minzzweigen die Blättchen abzupfen. Die Reispapier-Blätter kurz in kaltes Wasser tauchen und dann auf ein feuchtes Geschirrtuch legen. Alle Zutaten in einer Linie auf das Reisblatt legen, einmal umschlagen, die Seiten einschlagen und aufrollen. Die Summerrolls mit der separat in ein Schälchen gefüllten Sauce servieren.

Tipp

Wer keine Wildenten, Rebhühner oder Fasanenkeulen bekommt, kann hier auch wunderbar jegliches andere confierte Fleisch verwenden. Zum Beispiel Rehhäxchen, gebratene Wildentenbrust oder Rebhuhnbrust.

GEBRATENE UND IM DIM SUM GEDÄMPFTE BAYERISCHE ROTGARNELE

MIT GEPÖKELTER WILDSCHWEINBACKE IM TOM-YAM-GUNG-SUD

FÜR 4 PERSONEN

- 4 Wildschweinbacken à ca. 80 g
- 2 l Wasser
- 100 g Pökelsalz
- 50 g brauner Zucker
- 2 Lorbeerblätter
- 2 Nelken
- 2 Wacholderbeeren
- 5 weiße Pfefferkörner
- 2 Stangen Zitronengras
- 2 Stücke Ingwer à ca. 100 g
- 4 Blätter (gekaufter) Dim-Sum-Teig
- 1 Eiweiß

DIM-SUM-FÜLLUNG

- 6 bayerische Rotgarnelen in der Schale mit Kopf
- 2 Zweige Koriander
- etwas Chiliöl
- etwas Sesam

Die Wildschweinbäckle in der Pökelsalzlake einlegen. Hierfür Wasser, Pökelsalz und braunen Zucker zusammen mit den Gewürzen in einem Topf aufkochen.

Die Wildschweinbäckle in einem tiefen Gefäß mit dem abgekühlten Pökelfond bedecken. An einem kühlen Ort kalt stellen und 24 Stunden ziehen lassen.

Die Backen aus der Pökellake nehmen, trocken tupfen und in einem Topf mit Wasser, etwas Zitronengras und Ingwer circa 2 Stunden gar köcheln lassen.

Die Garnelen pulen und die Schalen aufheben.

2 Garnelen in kleine Würfel schneiden, den Koriander waschen, trocken tupfen und die Blätter vom Stiel zupfen. In feine Julienne schneiden und zu den Garnelen geben. Mit etwas Chiliöl und Sesam abschmecken.

Am Ende die gesamte Masse auf einem Brett mehrmals durchhacken, damit eine leichte Bindung entsteht. So ist sie später leichter zu verarbeiten.

Den (gekauften) Dim-Sum-Teig auf der Arbeitsfläche ausbreiten und den Rand leicht mit Eiweiß bepinseln. Circa 20 Gramm der Masse auf jedes Teigstück geben und gut verschließen. Einfach am Rand in nicht zu großen Abständen ein paar Falten legen.

Fortsetzung: nächste Seite ↘

TOM YAM

- 7 Schalotten
- 3 Knoblauchzehen
- 70 g Ingwer
- 1 Karotte
- 40 g Galgant
- 4 Stangen Zitronengras
- 1 kleine Chilischote
- 1 EL Tomatenmark
- 60 g Tamarindenpaste
- 2 EL Tom-Yam-Gung-Paste
- etwas Öl zum Anbraten
- 1 l Gemüsebrühe
- 5 Limettenblätter
- Saft von 1 Limette
- 1 Zweig Minze
- 1 Zweig Koriander
- Sesam
- Chiliöl

EINLAGE

- 200 g Edamame
- 12 Zuckerschoten
- 8 Kirschtomaten
- 1 Paket Buchenpilze
- 4 Shiitakepilze
- 4 Champignons
- etwas Sonnenblumenöl zum Anbraten

ZUBEREITUNGSZEIT: 5 STUNDEN + PÖKELZEIT 1 ½ TAGE

Schalotten, Knoblauch, Ingwer und die Karotte schälen und zusammen mit Galgant, Zitronengras und Chili fein schneiden.

Die Garnelenschalen zusammen mit dem Gemüse in etwas Öl anschwitzen.

In der Mitte des Topfes eine freie Stelle schaffen und das Tomatenmark, Tamarinden- sowie die Tom-Yum-Paste mit etwas Öl circa 4 Minuten anbraten. Mit Gemüsebrühe auffüllen und die Limettenblätter dazugeben. Bei mittlerer Hitze circa 1 Stunde lang köcheln lassen. Durch ein Sieb passieren und mit dem Saft der Limette abschmecken.

Die Edamame aus der Schale pulen und zusammen mit den Zuckerschoten in reichlich gesalzenem Wasser gar kochen. Die Tomaten halbieren.

Das untere Ende der Buchenpilze abschneiden, die Shiitakepilze in feine Streifen schneiden und die Champignons vierteln.

Nun die Dim Sum in einen eingeölten Dämpfeinsatz geben und 4–6 Minuten lang dämpfen.

Die Pilze in einer heißen Pfanne mit etwas Sonnenblumenöl anbraten. Die Tomaten, Zuckerschoten und Edamame hinzugeben und kurz mitbraten.

Die 4 Garnelen ebenfalls in einer heißen Pfanne mit etwas Sonnenblumenöl von beiden Seiten anbraten.

Das Gemüse in eine Schale oder einen tiefen Teller geben, die Wildschweinbacken in Scheiben schneiden und daraufgeben. Die Dim Sum vom Herd nehmen und zusammen mit den gebratenen Garnelen neben den Wildschweinbackenstreifen platzieren. Mit dem Tom-Yam-Gung-Sud auffüllen und mit Minze, Koriander, Sesam und etwas Chiliöl garnieren.

TOM KHA GAI

MIT REHFILET

FÜR 4 PERSONEN

FÜR DIE SUPPE
- 120 g Ingwer
- 80 g Galgant
- 8 Stangen Zitronengras
- 5 Limettenblätter
- 800 ml Geflügelbrühe
- 800 ml Kokosmilch
- 1 EL Fischsauce (je nach Geschmack, z. B. Red-Boat-Fischsauce)
- Saft von 2 Limetten

EINLAGE
- 4 Rehfilets
- Salz
- frisch gemahlener schwarzer Pfeffer
- etwas Sonnenblumenöl
- 8 Champignons
- 1 Dose Strohpilze
- 8 Kirschtomaten
- 4 Zweige Koriander
- Chiliöl

ZUBEREITUNGSZEIT: 45 MINUTEN

Ingwer, Galgant, Zitronengras und Limettenblätter sehr klein schneiden. Nun die Geflügelbrühe und die Kokosmilch zusammen aufkochen, alle geschnittenen Aromaten hineingeben und circa 30 Minuten ziehen lassen. Nun mit etwas Fischsauce und dem Saft der Limetten abschmecken. Durch ein feines Sieb passieren.

Das Rehfilet von der Silberhaut befreien, würzen und von beiden Seiten in einer Pfanne mit etwas Sonnenblumenöl 2 Minuten anbraten.

Champignons, Strohpilze und Kirschtomaten klein schneiden und in etwas Tom Kha Gai Sud aufkochen. Die Einlage in die Schalen geben, das Rehfilet tranchieren und ebenfalls in die Schale geben. Die Suppe aufschäumen und einschenken. Mit Koriander und etwas Chiliöl garnieren.

WILDENTEN-PHO

MIT ROSA GEBRATENER WILDENTE, KORIANDER, MINZE UND KROSSER HÜHNERHAUT

FÜR 4 PERSONEN

- 2 Karotten
- 1 Knollensellerie
- 2 große Zwiebeln
- ½ Knoblauchknolle
- 1 Stück Ingwer (ca. 200 g)
- 5 kg Fleisch/Knochen von Wildentenkarkassen
- 2 Stange Lauch
- 10 Stangen Zitronengras
- 2 Knollen Galgant
- 1 Suppenhuhn
- 2 Lorbeerblätter
- 2 Sternanis
- ½ Stange Zimt
- 10 weiße Pfefferkörner
- 1 Nelke
- etwas Öl zum Anbraten
- 4 Wildentenbrüste
- Salz
- frisch gemahlener schwarzer Pfeffer
- etwas Butter zum Braten

Den Backofen auf 180 °C vorheizen.

Das Wurzelgemüse waschen. Zwiebeln, Knoblauch und Ingwer mit der Schale halbieren. Die Karotten schräg in Scheiben schneiden, den Sellerie in grobe Stücke schneiden und alles in einer gusseisernen Pfanne ohne Öl auf der Schnittfläche rösten.

Die Wildentenkarkassen im Ofen bei 180 °C 30 Minuten rösten.

Den Lauch in Ringe schneiden und waschen. Zitronengras und Galgant klein schneiden.

Das geröstete Gemüse, die Knochen, das Suppenhuhn, den Lauch und die Gewürze in einen großen Topf geben und mit kaltem Wasser bedecken. Die Brühe langsam erhitzen und mindestens 4 Stunden köcheln lassen.

Nach Ende der Garzeit das Suppenhuhn herausnehmen. Die Haut abzupfen und in einer Pfanne mit etwas Öl knusprig ausbraten. Das Fleisch des Suppenhuhns brauchen wir für dieses Rezept nicht.

Die fertig gekochte Brühe durch ein feines Sieb oder Tuch passieren. Nun mit Limettensaft, Chiliflocken, Fischsauce, ein paar Korianderstängeln, Minze, Limettensaft, klein geschnittener Chili und Chiliöl nach Belieben abschmecken. Danach nochmals durch ein feines Sieb oder Tuch passieren.

Die Wildentenbrüste mit Salz und Pfeffer würzen und in einer Pfanne mit etwas Öl von beiden Seiten kurz anbraten. Bei 175 °C circa 6 Minuten im Ofen garen. Bei einer Kerntemperatur von 51 °C das Fleisch aus dem Ofen holen und an einem warmen Ort ruhen lassen.

Später das Fleisch in einer Pfanne mit etwas Butter nachbraten.

Fortsetzung: nächste Seite ↘

ZUM ABSCHMECKEN UND DEKORIEREN DER SUPPE

- Saft von 2 Limetten
- Chiliflocken
- etwas Fischsauce (Red Boat)
- 1 Bund Koriander
- 1 Bund Minze
- 1 Limette
- 4 Chilischoten
- Chiliöl

EINLAGE

- 1 Schale Mini-Mais (ca. 50 g)
- 1 Bund grüner Spargel
- 4 Stiele Mangold
- Salz
- 1 Schale Buchenpilze (ca. 150 g)
- 10 Shiitakepilze
- 8 Kirschtomaten
- etwas Öl zum Anbraten
- 200 g Reisnudeln

ZUBEREITUNGSZEIT: 6 STUNDEN

Mini-Mais, grünen Spargel und Mangold in Stücke schneiden und in reichlich gesalzenem Wasser gar kochen. Die Pilze und die Tomaten klein schneiden und in einer Pfanne mit etwas Öl anbraten. Das gegarte Gemüse dazugeben und mitbraten.

Die Nudeln nach Anleitung kochen.

Das Gemüse in eine Schale geben, die Nudeln aufrollen und ebenfalls in die Schale geben.

Die Ente auf der Hautseite noch mal kurz nachbraten, aufschneiden und auf das Gemüse geben.

Mit der Pho auffüllen und mit gehackter Minze, Koriander und der krossen Haut garnieren.

ROSA GEBRATENE WILDENTE

IN FICHTENNADELN GERÄUCHERT, MIT STEINPILZEN UND BROMBEEREN

FÜR 4 PERSONEN

- 2 EL Zucker und etwas mehr zum Marinieren des Fleisches
- 80 ml Portwein
- Schale Brombeeren (ca. 125 g)
- 1 Schalotte
- ½ Knoblauchzehe
- 4 Shiitakepilze
- 6 Champignons
- 6 Steinpilze
- etwas Sonnenblumenöl zum Anbraten
- 4 Stängel Koriander
- Salz
- frisch gemahlener schwarzer Pfeffer
- 4 Blätter (gekauften) Dim-Sum-Teig
- 1 Eiweiß
- 4 Wildentenbrüste
- 2 Händevoll getrocknete Fichtennadeln
- ½ Limette
- Traubenkernöl
- ½ Bund Koriander

ZUBEREITUNGSZEIT: 45 MINUTEN

Den Backofen auf 175 °C vorheizen. Den Spitzkohl in feine Streifen schneiden, die Brombeeren halbieren.

2 Esslöffel Zucker in einem kleinen Topf karamellisieren lassen, mit rotem Portwein ablöschen und einköcheln lassen. 12 halbierte Brombeeren dazugeben und kurz mitköcheln. Schalotten und Knoblauch schälen und in sehr feine Würfel schneiden. Shiitake, Champignons und 2 Steinpilze vom Strunk befreien, ebenfalls sehr klein schneiden und in einer Pfanne mit etwas Öl scharf anbraten. Knoblauch und Schalotten hinzugeben.

Die Blätter von 2 Stielen Koriander zupfen, in feine Streifen schneiden und in die Pfanne geben. Die Pilzmasse mit Salz und Pfeffer würzen und vom Herd nehmen, auf ein Brett geben und gut durchhacken, damit eine leichte Bindung entsteht. Den Teig am Rand mi Eiweiß bepinseln und circa 20 Gramm von der Pilzmasse auf jedes Teigstück geben. Gut verschließen. Die Dim Sum in einen eingeölten Dampfeinsatz legen und 4–6 Minuten dämpfen.

Einen Topf auf den Herd stellen und sehr heiß werden lassen. Die Wildentenbrüste putzen und den Knochen freilegen. Die Fichtennadeln in den heißen Topf geben, die Enten auf einem Gitter oder Räuchereinsatz darauflegen und mit einem Deckel verschließen. Den Topf vom Herd nehmen und 5 Minuten leicht räuchern. Den Spitzkohl mit dem Saft der Limette, Salz, Pfeffer, Zucker und 1 Schuss Traubenkernöl marinieren.

Die Wildente aus dem Räuchertopf nehmen und in einer heißen Pfanne mit etwas Sonnenblumenöl von beiden Seiten anbraten. Anschließend bei 175 °C für circa 6 Minuten im Ofen garen. Die restlichen 4 Steinpilze in Scheiben schneiden und in einer heißen Pfanne mit etwas Sonnenblumenöl kurz anbraten. Mit Salz und Pfeffer würzen.

Den marinierten Spitzkohl in der Mitte jedes Tellers anrichten. Die Wildentenbrust in mehrere Scheiben tranchieren und auf den Spitzkohl geben.

Das Dim Sum daneben anrichten, mit den gebratenen Steinpilzen und den Brombeeren garnieren und mit Koriander dekorieren.

TATAKI VOM HIRSCHFILET

MIT ROH MARINIERTEM BUTTERNUTKÜRBIS UND FERMENTIERTER SCHWARZER KNOBLAUCHSAUCE

FÜR 4 PERSONEN

- 2 Hirschfilets
- Salz
- frisch gemahlener schwarzer Pfeffer
- etwas Öl zum Anbraten
- 1 Butternutkürbis
- Sesamöl
- Reisessig
- Saft von 1 Limette
- ½ Bund Frühlingslauch
- 1 Chilischote
- ½ Koriander
- frische essbare Blüten der Saison
- etwas Sesam
- 1 Flasche fermentierte schwarze Knoblauchsauce (alternativ: Sojasoße)

ZUBEREITUNGSZEIT: 20 MINUTEN

Die Hirschfilets von allen Silberhäutchen befreien. Mit Salz und Pfeffer würzen und in einer sehr heißen Pfanne mit wenig Öl von allen Seiten kurz anbraten – pro Seite nicht länger als 20 Sekunden.

Den Kürbis schälen und mit einem Spiralschneider fein schneiden. Wer solch einen Spiralschneider nicht besitzt, kann den Kürbis auch mit einem Messer in feine Streifen schneiden oder dünn hobeln. Den geschnittenen Kürbis in eine Schüssel geben und mit etwas Sesamöl, Reisessig, Salz, Pfeffer und Limettensaft marinieren. Auf einen Teller geben.

Das Hirschfilet sehr dünn aufschneiden und auf den marinierten Kürbis legen. Den Frühlingslauch sowie die Chilischote schräg in sehr feine Ringe schneiden und auf dem Hirschfilet anrichten. Mit Koriander und Blüten der Saison garnieren und mit etwas Sesam bestreuen. Die fermentierte schwarze Knoblauchsauce separat servieren.

GYOZA

VOM HIRSCH MIT PONZU

FÜR 4 PERSONEN

- 400 g Hirschfleisch aus der Keule
- 2 Schalotten
- 1 kleine Ingwerknolle
- 3 Stangen Zitronengras
- 3 Knoblauchzehen
- etwas Sonnenblumenöl zum Anbraten
- 1 Karotte
- ½ Staudensellerie
- 10 Shiitakepilze
- 1 Bund Minze
- 1 Bund Koriander
- 2 EL Sesam
- 2 EL Ponzu
- 2 EL Sojasauce
- 16 Blätter Gyoza-Teig
- 1 Eiweiß
- 30 ml Ponzu

ZUBEREITUNGSZEIT: 30 MINUTEN

Das Hirschfleisch durch den Fleischwolf drehen (5-Millimeter-Scheibe).

Die Schalotten, den Ingwer, das Zitronengras und den Knoblauch sehr fein hacken.

Das Hackfleisch in einer Pfanne mit etwas Sonnenblumenöl anbraten. Die gehackten Zutaten dazugeben und nochmals 4 Minuten mitbraten.

Die Karotte und den Staudensellerie sehr fein raspeln. Die Shiitakepilze in feine Scheiben schneiden.

Das Fleisch aus der Pfanne nehmen und das Gemüse darin anschwitzen.

Die Minze und den Koriander hacken und zu dem Gemüse in die Pfanne geben.

2 Esslöffel Sesam, 2 Esslöffel Ponzu und 2 Esslöffel Sojasauce ebenfalls zu dem Gemüse geben und 3 Minuten mitköcheln lassen.

Jetzt das Gemüse zusammen mit dem Hackfleisch in eine große Schüssel geben und gut miteinander vermengen. Wichtig hierbei ist, dass die Masse nicht zu feucht ist. Wenn die Masse zu feucht ist, einfach auf ein Sieb geben und die abgetropfte Flüssigkeit auffangen, einreduzieren lassen und wieder in die Schüssel geben.

Den Gyoza-Teig auf die Arbeitsfläche ausbreiten und leicht mit Eiweiß bepinseln.

Circa 20 Gramm Masse auf jedes Teigstück geben und gut verschließen. Am Rand in nicht zu großen Abständen ein paar Falten legen.

Die Gyoza in einer Pfanne mit etwas Öl anbraten. Mit etwas Wasser auffüllen, einen Deckel auf die Pfanne geben und circa 4–6 Minuten garen, bis das Wasser verkocht ist.

Die Gyoza servieren, etwas Ponzu separat dazu reichen.

WILD-EXKURS

SCHULTERHÖHE:
55–120 Zentimeter

GEWICHT:
40–100 Kilogramm, je nach Geschlecht; Frischlinge im ersten Lebensjahr bis 45 Kilogramm

Das Wildschwein *(sus scrofa)* gehört zu den Paarhufern und ist mit unserem Hausschwein verwandt. Es wird auch als Schwarzwild oder Schwarzkittel bezeichnet. Die männlichen Tiere werden Keiler, die weiblichen Bache und die Jungtiere werden Frischlinge genannt.

Wildschweine sind Allesfresser. Sie durchwühlen mit ihrer Schnauze den Boden und suchen nach Eicheln, Bucheckern, Würmchen und Engerlingen. Außerdem mögen sie Knospen und Früchte von Pflanzen.

RAUSCHZEIT:
November bis Februar

JAGDZEIT:
Mitte Juni bis Ende Januar

WILDSCHWEIN

1.
3.
4.
2.
5.

IN DER KÜCHE

Das Fleisch eines Keilers oder einer Bache ist dunkelrot. Der Überläufer (junges Wildschwein von 1 Jahr), der am häufigsten bejagt wird, hat hingegen ein eher helleres Fleisch und ist nach dem Braten wunderbar zart. Daher eignet es sich sehr gut zum Kurzbraten.

1. NACKEN:
Entbeint sehr gut als Steak oder im Ganzen als Schmorbraten.

2. SCHULTER:
Im Ganzen geschmort, als Ragout oder als Hack verarbeitet.

3. RÜCKEN:
Kann mit dem Knochen im Ganzen gebraten werden. Perfekt für Schnitzel oder als Steaks auch zum Grillen!

4. KEULE:
Ist im Ganzen sehr groß, deswegen wird diese sehr oft in Teilstücke zerlegt und ist gut abgelagert auch zum Rosabraten geeignet als Schnitzel oder als Braten.

5. HAXE:
Zum Schmoren oder für deftige Eintöpfe, für Ragout oder gepökelt auch zum Kochen!

6. INNEREIEN:
Leber unbedingt kurzbraten, auch für die Wurstherstellung sehr gut geeignet, zum Beispiel Leberwurst. Das Herz eignet sich gepökelt als Einlage für die Blutwurst.

TREIB- & ANSITZJAGD

NATÜRLICHE RESSOURCE WILD

Es ist, wie es ist. Ich liebe es, Wildgerichte zu kochen, aber ich bin keine Jägerin. Insofern halte ich mich lieber zurück und überlasse es den Experten. Zu ihnen gehört natürlich mein Vater, der als Jäger ganz entscheidend für den Nachschub an Wildbret im Spielweg sorgt und heute gemeinsam mit meinem Freund Johannes auf die Pirsch geht. Ein schönes Bild, wenn beide mit Hut und Waffe losziehen in den Wald.

Die Prüfung für einen Jagdschein ist sehr anspruchsvoll, nicht umsonst nennt man es das »Grüne Abitur«. Die Anforderungen sind hoch. Man lernt alles rund um Wildbiologie, Waffenkunde, den Umgang mit der Waffe, Wildkrankheiten, Hundewesen, Tier- und Naturschutz. Die Jagd ist eine nachhaltige Nutzung unserer natürlichen Ressourcen, unserer Wildtiere.

Insgesamt unterscheidet man zwischen Haar- und Federwild. Zum Haarwild gehören Rehe, Rotwild, Wildschweine, Gämsen und Hasen, zum Federwild zählen Fasane, Schnepfen, Rebhühner oder Stockenten. Federwild wird immer mit Schrot geschossen. Jeder Gast, der trotz aller Sorgfalt in der Küche doch mal eine Schrotkugel in seinem Geflügel findet, weiß, dass es sich um gejagtes Wild gehandelt hat.

Mein Vater, Johannes und seine Freunde jagen in ihrem Revier hauptsächlich Rehe, Wildschweine und Gämsen, in befreundeten Revieren in der Oberpfalz oder im Elsass auch Rotwild (Hirsche) und Federwild.

In meiner Küche verarbeite ich vor allem Reh, Hirsch, Gams, Wildschwein, Hase und Wildgeflügel wie Fasan, Rebhuhn und Stockente. Gerade das helle Wildfleisch wie Fasan oder Frischling ist besonders beliebt bei vielen Gästen, die noch nicht so vertraut mit der Wildküche sind, da es milder im Geschmack ist und sehr vielseitig einsetzbar. Wildbret ist ein hochwertiges und gesundes Lebensmittel. Die Tiere leben im Einklang mit der Natur und ernähren sich nur von dem, was sie dort finden. Das Fleisch ist fettarm und reich an Nährstoffen. Es enthält essenzielle Omega-3-Fettsäuren, Vitamine und Spurenelemente.

KREATIVES *Wild*

BORN TO BE FUCHSTEUFELSWILD

Wildküche kann so viel mehr sein als Ragout oder Braten mit schwerer Sauce. Warum nur muss es immer Wacholder sein, warum immer schwer und dunkel? Wildfleisch ist von Natur aus schon dunkel, da darf die Kombination gern auch mal frisch und ausgefallen daherkommen.

Dieser Gedanke hat mich von Anfang an umgetrieben. Ich habe rein gar nichts gegen die guten alten Klassiker, nicht umsonst finden sie in meinem Buch ihren Platz. Aber das Leben ist Weiterentwicklung und es ist bunt. Die Welt und vor allem die vielen Länderküchen bieten so viel Inspiration und liefern solch eine spannende Aromenvielfalt, die sich bestens mit Wild verträgt. Ich will auch weiterhin meine eigene Sprache sprechen, mich ausleben können und gedanklich auf Reisen sein.

Für mich sind diese kreativen Ergebnisse meiner Arbeit der Inbegriff von »fuchsteufelswild« – eben nicht angepasst, sondern lebendig und ausgefallen. Jedes meiner Kreativrezepte hat einen mehr oder weniger langen Prozess durchlaufen. Manchmal kann es bis zu einem Jahr dauern, bis mir das Ergebnis gefällt. Ein guter Indikator sind immer unsere Stammgäste. Sie kennen meine Art zu kochen und ich erhalte ein ehrliches Feedback, mit dem ich entscheiden kann, ob ein Gericht einen festen Platz auf der Speisekarte bekommt. Neben meinen Asia-Kompositionen sind die kreativen Gerichte meine Lieblings-Wild-Spielwiese.

REBHUHNBRUST

MIT GEGRILLTEM SPARGEL UND BLUTORANGEN-HOLLANDAISE

FÜR 4 PERSONEN

- 8 Rebhuhnbrüste
- Salz
- frisch gemahlener schwarzer Pfeffer
- etwas Sonnenblumenöl zum Braten
- 12 Stangen grüner Spargel
- 4 Stangen weißer Spargel
- 50 g Butter
- Sauerampfer
- Kerbel
- etwas Zucker
- Apfelessig
- Olivenöl
- 1 Zweig Thymian
- 1 Zweig Rosmarin

FÜR DIE HOLLANDAISE

- 4 Schalotten
- 200 ml Brühe
- 200 ml Weißwein
- 1 Lorbeerblatt
- 4 weiße Pfefferkörner
- 2 Blutorangen
- 4 Eigelb
- 350 g flüssige Butter
- Salz
- frisch gemahlener schwarzer Pfeffer

ZUBEREITUNGSZEIT: 2 STUNDEN

Die Rebhuhnbrüste mit Salz und Pfeffer würzen und von beiden Seiten in einer heißen Pfanne mit etwas Sonnenblumenöl scharf anbraten. Auf einem Gitterblech beiseitelegen.

Den weißen komplett und beim grünen Spargel nur das untere Drittel schälen. Den Spargel in reichlich gesalzenem Wasser gar kochen. Herausnehmen und in einer Pfanne mit etwas Butter anbraten.

Sauerampfer und Kerbel mit Salz, Pfeffer und Zucker würzen und mit etwas Apfelessig und Olivenöl marinieren.

Hollandaise

Die Schalotten schälen und klein schneiden, zusammen mit der Brühe, dem Weißwein, dem Lorbeerblatt und den Pfefferkörnern aufkochen und um die Hälfte reduzieren. Abkühlen lassen. Die Blutorangen auspressen und den Saft ebenfalls reduzieren. Die gesamt Menge der beiden Reduktion sollten circa 100 Gramm sein.

Das Eigelb, die Reduktion und den Blutorangensaft in eine Schüssel geben und über dem Wasserbad aufschlagen. Die Butter langsam bis zur gewünschten Konsistenz nach und nach hinzufügen.

Mit Salz und Pfeffer abschmecken.

Den Spargel zusammen mit dem Kräutersalat auf einem Teller anrichten.

Die Rebhuhnbrüste in der Pfanne mit etwas Butter, Thymian und Rosmarin 3–4 Minuten bei geringer Hitze nachbraten. Hier reicht eine geringere Hitze aus, damit die zarten Rebhuhnbrüste nicht zu trocken werden. Daher garen wir sie auch nicht im Ofen, sondern lassen sie nur in der Butter fertig garen.

Die Rebhuhnbrüste auf dem Spargel anrichten, etwas Butter aus der Pfanne über das Fleisch träufeln.

GEBEIZTES HIRSCHFILET

MIT ANGEKOCHTER GELBER BETE UND LAUCH-ASCHE

FÜR 4 PERSONEN

- 5 Stangen Lauch (am besten nur das Grüne)
- Salz
- 3 Hirschfilets
- (brauner) Zucker
- 4 Gelbe Bete
- 1 TL ganzer Kümmel
- frisch gemahlener schwarzer Pfeffer
- Olivenöl
- Apfelessig oder Aceto balsamico bianco
- 1 Handvoll Schildampfer

ZUBEREITUNGSZEIT:
45 MINUTEN +
BEIZ-ZEIT 6–8 STUNDEN

Das Grüne vom Lauch waschen, die einzelnen Schichten trennen und möglichst so auf ein Blech legen, dass sie sich nicht berühren. Bei 170 °C für circa 20 Minuten in den Ofen schieben, bis die Blätter schön angeröstet sind. Den Ofen ausschalten, den Lauch im warmen Ofen noch mal 2 Stunden trocknen lassen, bis er alles Wasser verloren hat. Den Lauch jetzt fein mixen und etwas salzen, so entsteht die feine, aromatische Lauch-Asche.

Das Hirschfilet von allen Sehnen und Silberhäutchen entfernen, eine Beize aus 3 Teilen Salz und einem Teil Zucker herstellen, zum Beispiel 300 Gramm Salz und 100 Gramm brauner Zucker. Die Filets einmal in der Beize wälzen und mit der Hand leicht abklopfen. Die Filets auf einen Teller geben und circa 6–8 Stunden beizen lassen. Danach mit Wasser kurz abwaschen und die Filets trocken tupfen. Am besten jetzt die Filets noch eine Nacht im Kühlschrank ruhen lassen, damit sie schön durchziehen können.

Die Beten waschen, in einen Topf geben und mit kaltem Wasser bedecken. 2 Esslöffel Salz und 1 Teelöffel Kümmel hinzugeben. Die Beten circa 30 Minuten halb gar köcheln. So behalten sie im Salat später einen schönen Biss, ich muss aber trotzdem keine komplett rohen Beten anbieten. Die fertig angekochten Beten aus dem Wasser nehmen, kurz abkühlen lassen und pellen.

Die kalten Beten in feine Scheiben hobeln, in einer Mischung aus Salz, Pfeffer, Zucker, Olivenöl und Apfelessig für circa 5 Minuten marinieren. Dann auf einen Teller geben.

Das gebeizte Hirschfilet in dünne Scheiben schneiden und auf den Beten anrichten.

Die Lauch-Asche rundherum verteilen. Den Schildampfer in die Zwischenräume legen.

RHEIN-ZANDER

MIT RAHMSAUERKRAUT, WILD-BLUTWURST UND MEERRETTICH

FÜR 4 PERSONEN

PETERSILIENPÜREE
- 1 kg Kartoffeln
- 1 Bund Blattpetersilie
- 250 ml Milch
- 40 g Butter
- Salz
- frisch geriebene Muskatnuss
- etwas Öl zum Frittieren

BEURRE BLANC
- 3 Schalotten
- etwas Sonnenblumenöl zum Anschwitzen
- 200 ml Weißwein
- 200 ml Brühe
- 2 Lorbeerblätter
- 100 ml Sahne
- 150 g Butter
- Salz
- frisch gemahlener schwarzer Pfeffer
- Saft von ½ Zitrone

Petersilienpüree

Die Kartoffeln schälen, waschen und in Salzwasser circa 20 Minuten gar kochen.

Die Petersilie waschen, trocken tupfen und vom Stiel zupfen. Einige Blätter übrig lassen. Die Petersilie kurz in kochendem Wasser blanchieren und zusammen mit etwas Milch in einem Mixer sehr fein mixen, bis die Milch sich grün färbt und keine Petersilienstücke mehr zu erkennen sind.

Die gekochten Kartoffeln abgießen, zurück in den Topf geben und bei Restwärme des Herdes ausdämpfen lassen.

Die restliche Milch in einem Topf erhitzen. Die Kartoffeln durch eine Kartoffelpresse drücken und in einer Schüssel mit der erwärmten Milch und dem Petersilienmix vermengen. Die kalte Butter würfeln und unter die Masse geben. Mit Salz und Muskat abschmecken.

Das fertige Püree in einen Spritzbeutel mit einer Lochtülle geben und warm stellen.

Die restlichen Petersilienblätter in einer heißen Pfanne mit etwas Öl oder in der Fritteuse frittieren. Auf einem Küchentuch abtropfen lassen.

Beurre Blanc

Die Schalotten schälen und in feine Würfel schneiden. In einem Topf mit etwas Sonnenblumenöl anschwitzen. Mit Weißwein ablöschen, Brühe und Lorbeerblätter hinzugeben und um die Hälfte reduzieren lassen. Mit Sahne aufgießen, einmal aufkochen und mithilfe eines Stabmixers oder Standmixers mixen, hierbei die Butter dazugeben. Dies gibt eine schöne Bindung.

Mit Salz, Pfeffer und etwas Zitronensaft abschmecken. Zum Schluss die Sauce durch ein feines Sieb geben.

Fortsetzung: nächste Seite

RAHMSAUERKRAUT

- 1 Zwiebel
- 20 g Butter
- 100 ml Weißwein
- 500 g Sauerkraut
- 2 Lorbeerblätter
- 5 Wacholderbeeren
- 2 Pimentkörner
- 200 ml Sahne

BLUTWURST

- 1 Ei
- 4 Scheiben Blutwurst (zum Braten)
- 50 g Mehl
- 50 g Paniermehl
- etwas Öl zum Braten oder Frittieren

ZANDER

- 400 g Zanderfilet
- Salz
- frisch gemahlener schwarzer Pfeffer
- etwas Mehl
- Sonnenblumenöl zum Braten
- 1 EL Butter
- 1 Zweig Thymian

ZUBEREITUNGSZEIT: 3 STUNDEN

Rahmsauerkraut

Die Zwiebel schälen und in feine Würfel schneiden. In einem Topf mit etwas Butter glasig anschwitzen und mit Weißwein ablöschen.

Das Sauerkraut in den Topf geben, die Gewürze und die Sahne dazugeben und abgedeckt bei mittlerer Hitze 20 Minuten leicht köcheln lassen.

Blutwurst

Das Ei mixen, die Blutwurst erst in Mehl, dann in Ei und zum Schluss in Paniermehl wälzen. In einer heißen Pfanne mit Öl oder in der Fritteuse frittieren.

Zander

Den Zander in 4 Stücke schneiden und mit Salz und Pfeffer würzen. Die Hautseite mit einem scharfen Messer mehrmals leicht einschneiden, mehlieren und in einer heißen Pfanne mit etwas Sonnenblumenöl circa 3 Minuten goldbraun anbraten. Den Fisch wenden, 1 Esslöffel voll Butter und 1 Zweig Thymian hinzugeben. Die Pfanne vom Herd nehmen.

Das Sauerkraut auf den Tellern anrichten. Das Petersilienpüree in mehreren Punkten daneben dressieren. Den Zander auf dem Sauerkraut anrichten. Die Blutwurst halbieren und neben den Zander legen. Zum Schluss die Sauce angießen und den Teller mit der krossen Petersilie garnieren.

Spielweg

GEBRATENES GAMSFILET

MIT GRÜNEN BOHNEN, GLASIERTEN KIRSCHEN, STEINPILZEN UND PORTWEINSCHALOTTEN

FÜR 4 PERSONEN

- 8 Schalotten
- etwas Öl zum Anbraten
- 100 ml Portwein
- 100 ml Kirschsaft und etwas mehr
- 400 g grüne Bohnen
- Salz
- 16 Kirschen
- Zucker
- 3 EL Butter
- Mélange Noir (Pfeffermischung)
- 8 kleine Steinpilze
- frisch gemahlener schwarzer Pfeffer
- 4 Gamsfilets
- 1 Zweig Thymian

ZUBEREITUNGSZEIT: 1 STUNDE

Den Backofen auf 160 °C vorheizen.

Die Schalotten schälen, längs halbieren und in einer Pfanne mit etwas Öl scharf anbraten. Mit Portwein ablöschen und diesen reduzieren lassen. Den Kirschsaft dazugeben und zugedeckt bei mittlerer Hitze circa 10 Minuten schmoren.

Die Bohnen putzen und schräg in Stücke schneiden. In einem Topf mit reichlich gesalzenem Wasser blanchieren. Herausnehmen und in Eiswasser abschrecken.

Die Kirschen teilweise halbieren und vom Kern befreien. In einem kleinen Topf etwas Zucker karamellisieren lassen, mit einem Schuss Kirschsaft ablöschen, 1 Esslöffel Butter sowie die Kirschen dazugeben und aufkochen, sodass eine schöne Nage entsteht. Die Kirschen mit Mélange Noir würzen.

Die Steinpilze putzen, halbieren oder vierteln und in einer Pfanne mit etwas Öl goldbraun anbraten.

Die Bohnen im Topf mit 1 Esslöffel Butter erwärmen und mit Salz und Pfeffer würzen.

Das Gamsfilet mit Salz und Pfeffer würzen und von beiden Seiten jeweils 1 Minute in 1 Esslöffel Butter anbraten. Bei 160 °C für 4 Minuten in den Ofen geben, herausnehmen und 3 Minuten ruhen lassen.

Die Bohnen in der Mitte jedes Tellers anrichten, die Kirschen darauf verteilen und die Portweinschalotten drapieren.

Die Filets mit 1 Esslöffel Butter und einem Zweig Thymian in einer Pfanne nachbraten, herausnehmen, jeweils dritteln und so auf den Bohnen anrichten.

Zum Schluss die gebratenen Steinpilze auf dem Teller verteilen.

HANDGESCHNITTENES TATAR

VON DER REHKEULE MIT POCHIERTEM WACHTELEI UND GESCHMORTER PASTINAKE AUS DEM OFEN

FÜR 4 PERSONEN

FÜR DAS TATAR:

- 500 g kleine Nuss und Oberschale aus der Keule
- 2 Eier
- 1 Eigelb
- 15 g Schalotten
- 55 g Gurke
- 40 g Kapern
- 5 g Schnittlauch
- 30 g Tomatenketchup
- 5 g Senf
- Salz
- frisch gemahlener schwarzer Pfeffer
- Olivenöl
- 2 Spritzer Tabasco
- 10 kleine Pastinaken
- Zucker
- 50 g Butter
- 1 EL Paniermehl
- 2 Radieschen
- 1 Kopf Friseesalat
- 1 EL Aceto balsamico bianco
- 2 EL Weißweinessig
- 8 Wachteleier
- Wildkräuter (z. B. Bärwurz)

ZUBEREITUNGSZEIT: 45 MINUTEN

Den Backofen auf 140 °C vorheizen. Das Fleisch von den Silberhäutchen und Sehnen befreien und in kleine Würfel schneiden.

Die Eier mit dem Eigelb verquirlen. Die Schalotten und Gurke fein würfeln, die Kapern fein hacken, den Schnittlauch in feine Ringe schneiden. Ketchup und Senf dazugeben und alles mit dem Fleisch vermengen. Salz und Pfeffer, 12 Milliliter Olivenöl und den Tabasco ebenfalls dazugeben und alles nochmals vermengen.

Die Pastinaken waschen, schälen und halbieren. Mit Salz, Pfeffer und Zucker würzen und mit Olivenöl beträufeln. Bei 140 °C abgedeckt für 20 Minuten in den Ofen geben.

Für die Schmelze die Butter in einem kleinen Topf zum Schmelzen bringen. Das Paniermehl dazugeben und unter ständigem Rühren so lange köcheln lassen, bis das Paniermehl knusprig braun geröstet ist.

Die Radieschen waschen, vom Grün befreien und in feine Scheiben hobeln. Den Friseesalat waschen, zupfen und in einer Schüssel mit dem weißen Aceto balsamico, 2 Esslöffeln Olivenöl und Salz marinieren.

Wasser in einem kleinen Topf zum Kochen bringen, 2 Esslöffel Weißweinessig und 1 Teelöffel Salz hinzugeben.

Die Wachteleier vorsichtig öffnen und jeweils in eine Espressotasse geben.

Das Essig-Salz-Wasser simmern lassen und mithilfe eines Kochlöffels im Wasser einen leichten Strudel erzeugen. Die Eier nacheinander hineingleiten lassen. Die Eier 1 Minute ziehen lassen, vorsichtig mit einem Schaumlöffel herausnehmen in eine Schüssel mit lauwarmem Wasser legen.

Das Tatar erneut abschmecken und zusammen mit den Pastinaken und dem Salat auf einem Teller anrichten. Die Eier vorsichtig aus dem Wasser nehmen, anrichten und etwas von der Schmelze auf die Eier geben. Mit Radieschen und Wildkräutern garnieren.

GAMSRÜCKEN

ROSA GEBRATEN MIT GESCHMORTER AUBERGINE UND GRANATAPFEL-COUSCOUS

FÜR 4 PERSONEN

- 2 Auberginen
- Salz
- Olivenöl
- 2 Knoblauchzehen
- 2 Zweige Rosmarin
- 200 ml Brühe
- 100 ml Tomatensaft
- 1 gestrichenen TL Ducca
- ½ TL Ras el-Hanout
- ½ TL Baharat
- 250 g Couscous
- 1 Bund Petersilie
- 1 Granatapfel
- ½ Salatgurke
- ½ Staudensellerie
- 580 g Gamsrücken
- frisch gemahlener schwarzer Pfeffer
- etwas Öl zum Anbraten
- 1 Bund Minze
- 100 g Joghurt
- Saft von 1 Zitrone
- 1 EL Butter

ZUBEREITUNGSZEIT: 1 ½ STUNDEN

Den Backofen auf 175 °C vorheizen. Die Auberginen waschen, längs halbieren und die Innenseite rautenförmig bis kurz vor der Schale einritzen. Salzen und 30 Minuten ziehen lassen. So entfernt man die Bitterstoffe der Aubergine. Die Aubergine in einer Pfanne mit etwas Olivenöl, angedrückten Knoblauchzehen und 1 Zweig Rosmarin anbraten. In eine ofenfeste Form mit Deckel geben und für 30 Minuten bei 175 °C im Ofen schmoren.

Für den Couscous Brühe und Tomatensaft aufkochen. Mit den Gewürzen und einer Prise Salz abschmecken. Den Couscous in einen breiten Behälter geben und mit dem heißen Sud übergießen. Abgedeckt an einem warmen Ort 10 Minuten ziehen lassen.

Die Petersilie waschen, trocken schütteln, die Blätter von den Stielen zupfen und einen Teil der Petersilie in feine Streifen schneiden. Den anderen Teil für den Salat aufheben. Den Granatapfel halbieren und die Granatapfelkerne auslösen. Gurke und Staudensellerie waschen, putzen und in sehr feine Würfel schneiden. Das Kerngehäuse der Gurke übrig lassen. Die inneren Blätter des Staudenselleries für den Salat aufheben. Danach den Couscous mit einer Gabel auflockern und mit den Zutaten vermengen.

Den Gamsrücken parieren, mit Salz und Pfeffer und in einer Pfanne mit etwas Öl von beiden Seiten kurz anbraten. Bei 175 °C für 6 Minuten in den Ofen geben. Wenn die Kerntemperatur von 44 °C erreicht ist, das Fleisch herausnehmen und an einem warmen Ort ruhen lassen.

Die Minze in feine Streifen schneiden, zusammen mit dem Joghurt in eine Schüssel geben, mit Salz, Pfeffer, Zitronensaft und etwas Olivenöl abschmecken. Den Minzjoghurt auf dem Teller verteilen, den Couscous daraufgeben und die Aubergine daneben platzieren. Die Petersilie und die Blätter vom Staudensellerie mit etwas Olivenöl, Zitronensaft, Salz und Pfeffer marinieren und auf den Teller geben. Nun den Gamsrücken mit 1 Esslöffel Butter und einem Zweig Rosmarin in einer Pfanne circa 2–3 Minuten nachbraten. Das Fleisch aufschneiden, mit Salz würzen und auf dem Couscous anrichten.

HASENRÜCKEN

MIT SCHWARZWURZELN, PREISELBEEREN UND PARMESANSCHAUM AUF NUDELBLATT

FÜR 4 PERSONEN

- 2 Hasenrücken
- Salz, frisch gemahlener schwarzer Pfeffer
- 1 Stängel Thymian
- 1 kg Schwarzwurzeln
- 1 Zitrone
- etwas Butter
- etwas Zucker
- Sonnenblumenöl zum Braten oder Frittieren
- Nudelteig (siehe Seite 223)
- 1 kg frischer Blattspinat
- etwas frisch geriebene Muskatnuss
- ½ Bund Petersilie
- kalt gerührte Preiselbeeren (siehe Seite 218)

FÜR DEN PARMESANSCHAUM

- 3 Schalotten
- etwas Sonnenblumenöl
- 150 ml Weißwein
- 200 ml Brühe
- 2 Lorbeerblätter
- 100 ml Sahne
- 150 g frisch geriebener Parmesan
- 150 g Butter
- Salz, frisch gemahlener schwarzer Pfeffer

ZUBEREITUNGSZEIT: 1 ½ STUNDEN

Den Hasenrücken mit Salz und Pfeffer würzen und zusammen mit einem Stängel Thymian in einem Vakuumbeutel vakuumieren. Im Wasserbad bei 54 °C etwa 40 Minuten garen.

Die Schwarzwurzeln waschen und schälen. Hierbei eine Schwarzwurzel mit Schale übrig lassen. Die fertig geschälten Schwarzwurzeln in kaltes Wasser legen und den Saft von 1 Zitrone auspressen und dazugeben. Dies verhindert, dass die Schwarzwurzeln oxidieren. Die fertig geschälten Schwarzwurzeln in kleine Stücke schneiden und in einem Topf mit etwas Butter anschwitzen. Mit 100 Milliliter Wasser auffüllen und mit geschlossenem Deckel circa 10 Minuten lang schmoren lassen. Mit Salz und Zucker würzen.

Die rohe Schwarzwurzel längs mithilfe eines Schälers in hauchdünne Scheiben schneiden. Diese in einer Pfanne mit etwas Sonnenblumenöl oder in der Fritteuse knusprig braten.

Für den Parmesanschaum die Schalotten schälen, in feine Würfel schneiden und mit etwas Sonnenblumenöl anschwitzen. Mit Weißwein ablöschen, Brühe und Lorbeerblätter hinzugeben und um die Hälfte einreduzieren lassen. Die Lorbeerblätter herausnehmen. Die Sahne aufgießen, den Parmesan zugeben. Kurz aufkochen lassen. Die Sauce mit einem Stab- oder Standmixer pürieren. Nach und nach die kalte Butter hinzugeben. Mit Salz und Pfeffer abschmecken. Zum Schluss die Sauce durch ein feines Sieb geben.

Den Nudelteig dünn ausrollen und 4 gleich große Kreise ausstechen. In reichlich gesalzenem Wasser 4 Minuten gar kochen. Den Spinat vom Stiel zupfen und gründlich waschen. Eine Pfanne erhitzen und den Spinat zusammen mit etwas Butter hineingeben. Mit einem Deckel verschließen und 1 Minute dünsten. Den Spinat mit Salz und Muskat würzen und in der Mitte eines Tellers anrichten, das Nudelblatt darauflegen und die Schwarzwurzeln darauf verteilen.

Den Hasenrücken aus dem Vakuumierbeutel nehmen und in einer Pfanne mit etwas Butter nachbraten. Das Fleisch aufschneiden und zu den Schwarzwurzeln auf den Teller geben. Die Preiselbeeren und den Parmesanschaum rundherum verteilen. Mit den frittierten Schwarzwurzeln garnieren.

GEBRATENE FRISCHLINGSLEBER

MIT KERBELWURZELN, ÄPFELN UND HOKKAIDOKÜRBIS

FÜR 4 PERSONEN

› 2 Frischlingslebern
› 12 Kerbelwurzeln
› 1 Hokkaidokürbis
› 2 Äpfel
› 1 l Wildjus (siehe Seite 227)
› 100 ml Aceto balsamico
› etwas Speisestärke (nach Bedarf)
› etwas Sonnenblumenöl
› etwas Zucker
› etwas Butter
› Salz
› frisch gemahlener schwarzer Pfeffer
› Staudenselleriegrün
› Apfelessig
› Olivenöl

ZUBEREITUNGSZEIT: 45 MINUTEN

Die Leber von Haut und Blutgefäßen befreien. In kleine Stücke schneiden.

Die Kerbelwurzeln schälen und (wie Kartoffeln) in einem Topf mit kaltem Wasser aufstellen, gar kochen. Den Kürbis halbieren, die Kerne entfernen, in Ecken schneiden und mit den Kerbelwurzeln ins kochende Wasser geben.

Die Äpfel schälen, halbieren und vom Kerngehäuse befreien.

Die Jus aufkochen, mit Balsamico verfeinern, etwas einreduzieren lassen und gegebenenfalls mit etwas Speisestärke abbinden.

Die fertig gekochten Kerbelwurzeln halbieren und zusammen mit dem Kürbis und den Apfelspalten in einer Pfanne mit etwas Sonnenblumenöl goldbraun anbraten. Mit 1 Prise Zucker bestreuen, karamellisieren lassen und Butter hinzugeben. Mit Salz und Pfeffer würzen.

Das Staudenselleriegrün mit etwas Salz, Zucker, Apfelessig und Olivenöl marinieren.

Die Frischlingsleber in einer heißen Pfanne mit wenig Öl scharf anbraten. Butter hinzugeben und nochmals durchschwenken. Herausnehmen und auf ein Sieb legen, mit Salz und Pfeffer würzen.

Die Leber in die Mitte des Tellers anrichten, Kerbelwurzeln sowie Kürbis und Äpfel rundherum verteilen, mit den Staudenselleriеblättern garnieren. Die Sauce angießen.

GEBRATENES REHFILET

MIT GRÜNEM SPARGEL UND RHABARBER AUS DEM OFEN

FÜR 4 PERSONEN

- › 1 kg grünen Spargel
- › Salz
- › 500 g Rhabarber (bevorzugt Erdbeerrhabarber)
- › 3 EL Zucker
- › 2 EL Sonnenblumenkerne
- › etwas Puderzucker
- › 4 Rehfilets
- › frisch gemahlener schwarzer Pfeffer
- › etwas Öl zum Anbraten
- › Sauerrahm
- › Saft von 1 Zitrone
- › rosa Pfefferbeeren
- › 20 g Butter
- › 1 Zweig Rosmarin

ZUBEREITUNGSZEIT: 1 STUNDE

Den Backofen auf 170 °C vorheizen.

Das untere Drittel des grünen Spargels schälen. Den Spargel dritteln und in reichlich gesalzenem Wasser blanchieren. Danach in Eiswasser abschrecken.

Den Rhabarber in Stücke schneiden und auf ein Backblech geben.

In einem Topf 3 Esslöffel Zucker und 2 Esslöffel Wasser karamellisieren lassen. Den heißen Karamell gleichmäßig über den Rhabarber geben, mit Aluminiumfolie bedecken und bei 170 °C für circa 10 Minuten im Ofen garen. Ist der Rhabarber nach Ablauf der Zeit noch zu fest, weitere 5 Minuten im Ofen garen.

Die Sonnenblumenkerne auf ein Backblech geben, mit 1 Esslöffel Wasser und etwas Puderzucker bestreuen und gut mischen. Bei 175 °C circa 5–7 Minuten karamellisieren lassen.

Die Rehfilets von Sehnen und Silberhäutchen befreien und mit Salz und Pfeffer würzen. In einer Pfanne mit etwas Öl bei mittlerer Hitze von beiden Seiten circa 2 Minuten lang anbraten. Aus der Pfanne nehmen und an einem warmen Ort ruhen lassen.

Den Sauerrahm mit Salz, Pfeffer und Zitronensaft würzen, die rosa Pfefferbeeren zwischen beiden Händen reiben, sodass sich die äußere Schale löst. Einige der so entstandenen rosa Pfefferflocken in den Sauerrahm geben.

Den Spargel in einer Pfanne mit etwas Butter anbraten, mit Salz und rosa Pfeffer abschmecken und zusammen mit dem Rhabarber auf einem Teller anrichten.

Die Rehfilets in einer Pfanne mit Butter und Rosmarin kurz nachbraten, aufschneiden und auf den Spargel geben. Den Sauerrahm und karamellisierte Sonnenblumenkerne rundherum verteilen.

ROSA GEBRATENER WILDSCHWEINRÜCKEN

MIT HUMMUS, PULPO, MINZE UND GRÜNEM SPARGEL

FÜR 4 PERSONEN

- 1 Strang Wildschweinrücken (möglichst ein Überläufer, d. h. ein Wildschwein, das circa ein Jahr alt ist. Bei zu alten Wildschweinen ist selbst der Rücken eine zähe Angelegenheit)
- Salz
- frisch gemahlener schwarzer Pfeffer
- etwas Sonnenblumenöl zum Braten
- 1 Granatapfel
- 50 g Sesam
- 200 g Sauerrahm
- ½ Limette
- 16 Stangen grüner Spargel
- 50 g Butter
- 1 Prise Zucker
- 4 Arme gekochter Pulpo
- Olivenöl
- 1 Stängel Rosmarin
- 1 Stängel Thymian
- 150 ml Wildjus (siehe Seite 227)
- 2 Zweige Minze für die Dekoration

Wildschwein und Pulpo, Sauerrahm und Spargel

Den Wildschweinrücken von allen Sehnen und Silberhäutchen befreien. Mit Salz und Pfeffer würzen und in einer Pfanne mit etwas Sonnenblumenöl von beiden Seiten anbraten.

Den Backofen auf 160 °C vorheizen und das Fleisch für circa 7 Minuten in den Ofen geben. Bei einer Kerntemperatur von 49 °C das Fleisch herausnehmen und an einem warmen Ort ruhen lassen.

Den Granatapfel halbieren und die Kerne herauspulen.

Den Sesam in einer Pfanne ohne Öl leicht anrösten.

Den Sauerrahm mit Salz und Pfeffer würzen. Mit dem Abrieb und dem Saft der Limette abschmecken.

Das untere Drittel des grünen Spargels schälen, das untere Ende abschneiden. In einem Topf mit reichlich gesalzenem Wasser bissfest blanchieren. Herausnehmen und in einer Pfanne mit etwas Butter (etwa die Hälfte der angegebenen Menge verwenden) schwenken. Mit Salz, Pfeffer und 1 Prise Zucker würzen.

Die gekochten Pulpo-Arme in einer Pfanne mit etwas Olivenöl anbraten, mit Salz und Pfeffer würzen. Nach circa 5 Minuten die Hitze reduzieren, den Wildschweinrücken dazugeben und mit Rosmarin, Thymian und Butter nachbraten.

Fortsetzung: nächste Seite

HUMMUS

- 1 Dose Kichererbsen (gekocht, 400 g)
- 2 EL Sesam
- 2 EL Tahini-Paste
- 1 Knoblauchknolle
- 1 EL Ducca
- Ras el-Hanout
- Piment d'Espelette
- Salz
- 4 EL Olivenöl
- Saft von 1 Zitrone

**ZUBEREITUNGSZEIT:
1 STUNDE**

Hummus
Die Kichererbsen auf ein Sieb geben, unter klarem Wasser abspülen und abtropfen lassen. In eine Küchenmaschine geben, Sesam, Tahini, Knoblauch und alle Gewürze hinzugeben und 1 Minute lang mixen. Das Olivenöl nach und nach hinzugeben, mit dem Saft der Zitrone abschmecken. Den Hummus in einen Spritzbeutel mit Lochtülle füllen.

Den Wildschweinrücken aufschneiden, zusammen mit dem Pulpo, dem grünen Spargel und Hummus anrichten. Jus und Sauerrahm rundherum verteilen.

WILD-EXKURS

KÖRPERLÄNGE:
Fasan: 50–90 Zentimeter
Ente: bis 60 Zentimeter

GEWICHT:
Fasan: 800–1200 Gramm, je nach Geschlecht
Ente: 1,5 Kilogramm

Stockenten *(anas platyrhynchos)* gehören zu den Schwimm- und Gründelenten. Sie ernähren sich von Pflanzen und Wasserpflanzen sowie verschiedenen Kleintieren aus dem Wasser oder aus dem Schlamm. Jeder kennt den grün schimmernden Kopf und das bunte Gefieder des männlichen Erpels, während die weibliche Ente in Braun eher unauffällig scheint.

Fasane *(phasianus colchicus)* mit ihrem prächtig gezeichneten Gefieder gehören zu den Hühnervögeln. Sie bevorzugen Getreide, Eicheln, Mais, aber auch Kleintiere wie Mäuse. Das Fleisch dieses Federwilds ist sehr zart und fettarm.

PAARUNG:
Fasan: Mai bis Juni, 10–16 Eier
Ente: Februar, 9–12 Eier

JAGDZEIT:
Fasan: September bis Mitte Januar
Wildente: September bis Mitte Januar

WILDENTE & FASAN

IN DER KÜCHE

Beide Geflügelarten besitzen ein sehr zartes Fleisch. Allerdings ist die Ente aufgrund ihres Lebensraums im Wasser deutlich fettreicher, während Fasanenfleisch sehr mager ist und deshalb beim Zubereiten schnell trocken werden kann.

Idealerweise bereitet man beide Arten im Stück zu. Mit der Haut gebraten bleibt das Fleisch saftig-zart und ergibt einen knusprigen Festtagsbraten.

Vorsicht bei den Flügeln des Fasans. Die kann man nicht essen, da im Oberschenkel verknöcherte Sehnen laufen, die auch durch Schmoren nicht weich werden.

BFGoodrich

FAMILIENLEBEN

VON FÜCHSEN UND HUNDEN

Mein Zuhause ist dort, wo die Menschen sind, die ich liebe – im Spielweg. Dort ist meine Heimat, ist meine Homebase und lebt meine Familie.

Auch in meinen Jahren der Ausbildung, während meiner Zeit in Hamburg im Le Canard oder im Hirschen wusste ich schon, dass ich zurückkommen werde, auch wenn keiner es von mir verlangte. Familie heißt für mich vor allem eins: Mama, Papa, Jodi, Kristin, Johannes, Pinot und Zorro. Das sind die Menschen (und Tiere) um mich, die mich prägen, die mich jeden Tag aushalten müssen und die mir Kraft und Liebe geben.

Als Familie arbeiten wir jeden Tag zusammen, aber jeder in seinem Bereich. Umso wichtiger sind uns feste Rituale, die uns zusammenbringen und die wir für einen Austausch nutzen. Um 11 Uhr und um 18 Uhr treffen wir uns alle für eine halbe Stunde an unserem Familientisch im Restaurant. Wir lieben diesen Platz. Dort begegnen wir uns, erzählen und beraten uns, lachen zusammen, diskutieren, spielen und, klar, essen dort. Jeden Donnerstag gibt es unsere Spaghetti bolognese, am Samstag gerne Schnitzel oder auch mal Sushi.

Jedes Familienmitglied hat seine festen Aufgaben, anders wäre ein Betrieb unserer Größe kaum zu managen. Aber wir helfen uns immer gegenseitig und wissen alle, dass Verlässlichkeit das Wichtigste ist.

IM SPIELWEG

Mein Vater Karl-Josef ist nach wie vor das Familienoberhaupt, auch wenn er die mehrheitlich weibliche Herrschaft im Spielweg mit großer Fassung trägt und uns gern das Zepter überlassen hat. Er hat seit 1984 die Spielweg-Küche entscheidend geprägt, und auch wenn ich heute die Küchenchefin bin, so ist er nach wie vor in allen kulinarisch-fachlichen Fragen mein größter Ratgeber. Sein Fachwissen ist gigantisch, er weiß alles über die klassische Wildverarbeitung (vor allem wenn es um die Wurst geht!) und wenn ich mal wieder einen Braten oder eine Terrine mache, dann berate ich mich mit ihm. Er ist wie ein Lexikon und für mich der Inbegriff eines Schwarzwälders: warm, gemütlich, ein bisschen dickköpfig, aber mit einem großen Herz. In unserem Betrieb kümmert er sich nach wie vor um die Käserei, macht in Zusammenarbeit mit der Jagdzeitung *Wild und Hund* Koch- und Grillkurse mit Wildprodukten.

Meine grundfröhliche Art habe ich von meiner Mutter Sabine, die mit viel rheinländischem Humor gesegnet ist. Sie hat ein riesiges Organisationstalent, egal, wie fuchsteufelswild es manchmal zugeht. Ihre Energie ist wie ein Motor, der alles am Laufen hält, vor allem wenn es um den Service geht, das morgendliche Frühstücksbuffet für unsere Gäste oder den Garten. Sie hat den großen Überblick, koordiniert Handwerker und Umbauten, pflanzt und gärtnert und bewahrt sich auch im größten Stress ihren eigenen Witz. Außerdem ist sie eine sehr intelligente Diplomatin und macht jede Neuerung mit, auch wenn es manchmal ungewohnt für sie ist.

Über allem wacht Jodi – Josefine –, meine Großmutter. Sie ist mit Abstand die coolste Lady und immer noch macht sie als Seniorchefin die Honneurs. Sie schaut nach den Gästen, ist einfach da, erzählt Anekdoten und Geschichten, die sie mitgeprägt hat. Sie hat aus dem einfachen Gasthaus das heutige Familienhotel gemacht. Alles, was wir heute als Familie im Spielweg tun, ist die Fortsetzung ihres Weges.

Kristin, meine Schwester, spielt dabei eine ganz große und entscheidende Rolle. Sie ist als gelernte Hotelmanagerin die unangefochtene Meisterin in Sachen Organisation, Buchhaltung, Rechtliches, Arrangements und Veranstaltungen. Sie kontrolliert die Zeiten, Schichten und vor allem auch mich. Sie ist mein Regulativ und meine engste Vertraute. Jedes neue Gericht durchläuft erst mal ihre Prüfung, ihr Feedback ist immer ehrlich und ihr Sparring unschätzbar. Sie setzt mir Grenzen, koordiniert meine Termine und kümmert sich um Anfragen, die an mich herangetragen werden.

Wir können uns herrlich reiben und wissen um unser bedingungsloses Vertrauen. Ohne ihr Wissen und Können wären wir heute nicht dort, wo wir stehen.

Und dann Johannes, mein Partner und mein bester Freund, der zu mir und meiner Familie gehört, als sei er nie woanders gewesen. Er ist nicht nur Koch und Konditor, sondern auch Jäger, leidenschaftlicher Sammler und Kräuterkundler. Seit vier Jahren ist er an meiner Seite und gehört fest zur Familie. Wir sehen uns 24 Stunden am Tag und keine einzige Sekunde möchte ich es anders haben. Während ich leicht chaotisch, impulsiv und sprunghaft bin, gibt er mir mit seiner Geduld, seiner Strukturiertheit und seiner großen Genauigkeit ein gutes Gegengewicht. Wir ergänzen uns perfekt, weil wir uns beide Raum geben, Dinge zu entwickeln, uns immer beraten und vor allem unsere jeweiligen Bereiche respektieren. Außerdem ist er im Wald Papas wichtigster Gefährte, begleitet ihn auf der Jagd, baut Hochsitze auf, macht Pirschwege frei und übernimmt viele schwere Arbeiten, die im Wald zu tun sind. Und er ist einfach ein hervorragender Koch und Meister des süßen Fachs.

Zur Familie gehören übrigens auch noch Zorro, unser neunjähriger Foxterrier, und unser junger Australian Shepherd Pinot, der mir und Johannes gehört. Zorro ist ein großer Wildschweinjäger, während Pinot lieber Kunststücke vorführt oder ins Wasser springt, als Tieren nachzujagen. Er bleibt immer an unserer Seite und hat glücklicherweise auch kein Problem damit, dass der kleine Zorro sein Chef ist und das Sagen hat. Zumindest hat er sich bisher nicht darüber beschwert.

JRE

SPIELWEG Klassiker

ZURÜCK ZUR WURZEL

In der Wurzel liegt der Anfang und die Wurzeln halten alles zusammen. Für mich sind die Spielweg-Klassiker ein Teil dieses Wurzelgeflechts, das mich hervorgebracht hat. Ich bin mit ihnen groß geworden und betrachte sie als Teil unserer Küchenidentität, auch wenn ich inzwischen andere und neue Wege beschreite.

Gleichzeitig sind sie aber auch eine Reminiszenz an meinen Vater und seine Küche, die das Spielweg ganz entscheidend und bis heute geprägt hat und auf die gerade unsere Stammgäste zählen. Das liegt sicher daran, dass mit jedem dieser Gerichte Erinnerungen, Bilder und Gefühlszustände verbunden sind, weil es sie schon so lange gibt und sie ganz maßgeblich für die Küche meiner Heimat sprechen. Unsere Waldpilzpfanne zum Beispiel ist Ausdruck des Waldes und schmeckt nach purer Natur. Das geschmorte Ragout von der Hirschkalbshaxe ist ein Gericht voller Kraft. Maultaschen von der Gams sind ein echtes Soulfood und der rosa gebratene Rehrücken mit Schupfnudeln, Erbsen und Pfifferlingen der Inbegriff eines Klassikers, der einfach zur DNA des Spielweg gehört. Auch wenn ich viele alte Rezepte ein wenig verändert habe, so sind sie doch nach wie vor die Klassiker, die über all die Jahre bleiben und ein Stück Tradition und Historie verbreiten.

REHRÜCKEN, ROSA GEBRATEN

MIT SCHUPFNUDELN, ERBSEN, PFIFFERLINGEN UND EISENKRAUT

FÜR 4 PERSONEN

FÜR DIE SCHUPFNUDELN

- 500 g Pellkartoffeln vom Vortag
- 150 g Weizenmehl
- 1 Ei
- 1 Eigelb
- Salz
- frisch gemahlener schwarzer Pfeffer
- Muskatnuss
- Weizenmehl zum Bearbeiten
- 2 EL Butter

FÜR DEN REHRÜCKEN

- 800 g Rehrücken-stränge ohne Knochen
- Salz
- frisch gemahlener schwarzer Pfeffer
- 3 EL Sonnenblumenöl
- etwas Butter
- 1 Zweig Rosmarin

Schupfnudeln

Für die Schupfnudeln die gepellten Kartoffeln durch eine Kartoffelpresse drücken und mit allen Zutaten zu einem geschmeidigen Teig verkneten. Nun einen Teil der Masse nehmen und auf einer bemehlten Arbeitsfläche mit beiden Handflächen zu einem langen Strang formen. Davon nun mit einer Teigkarte gleichmäßig circa 1 Zentimeter breite Stücke schneiden und diese zu kleinen Kugeln formen. Diese Kugeln mit der Handinnenfläche »schupfen«, sodass gleichmäßige Schupfnudeln entstehen. Diese in Salzwasser circa 5 Minuten kochen.

Rosa Rehrücken

Den Rehrücken von Sehnen und Silberhaut befreien, mit Salz und Pfeffer würzen und in einer heißen Pfanne mit etwas Öl von beiden Seiten 1 Minute anbraten.

Bei 160 °C circa 6–8 Minuten in den vorgeheizten Backofen geben. Wenn das Fleisch eine Kerntemperatur von 46 °C erreicht hat, herausnehmen und an einem warmen Ort ruhen lassen.

Fortsetzung: nächste Seite

FÜR DIE JUS

- 2 rote Zwiebeln
- Abschnitte vom Rehrücken
- etwas Sonnenblumenöl zum Anbraten
- 1 Zweig Thymian
- 1 Zweig Rosmarin
- Mélange Noir (Pfeffermischung)
- 1 Sternanis
- 150 ml roter Portwein
- 150 ml Johannisbeersaft
- 1,5 l Wildjus
- Salz bei Bedarf
- etwas Soßenbinder bei Bedarf

FÜR DIE PFIRSICHE

- 2 EL Zucker
- 100 ml Weißwein
- 2 Weinbergpfirsiche

FÜR DAS GEMÜSE

- 200 g Pfifferlinge
- 300 g frische Erbsen aus der Schote
- Salz
- etwas Öl zum Anbraten
- frisch gemahlener schwarzer Pfeffer
- etwas Zucker
- Eisenkraut zur Dekoration

ZUBEREITUNGSZEIT:
1 ½ STUNDEN

Jus

Zwiebeln schälen und klein schneiden. Zusammen mit den Abschnitten vom Rehrücken in einem Topf mit etwas Sonnenblumenöl anbraten. Thymian, Rosmarin, Mélange Noir und Sternanis kurz mitrösten.

Mit Portwein ablöschen und einkochen lassen. Mit Johannisbeersaft auffüllen und zum Jus hinzugeben. Die Sauce um ein Drittel reduzieren.

Abschmecken, wenn nötig leicht salzen und gegebenenfalls mit etwas Saucenbinder abbinden.

Weinbergpfirsiche

2 Esslöffel Zucker in einen kleinen Topf karamellisieren, mit Weißwein ablöschen und köcheln lassen. Die Weinbergpfirsiche halbieren und vom Kern befreien. In Ecken schneiden, in die Weißwein-Karamell-Masse geben und vom Herd nehmen.

Gemüse

Die Pfifferlinge putzen und die Erbsen aus der Schote pulen. Die Erbsen in reichlich gesalzenem Wasser blanchieren.

Die Pfifferlinge in einer heißen Pfanne mit etwas Öl anschwitzen, Erbsen dazugeben, mit Salz, Pfeffer und Zucker abschmecken.

Die Schupfnudeln in einer Pfanne mit schäumender Butter leicht anbraten.

Den Rehrücken in einer heißen Pfanne mit einer Flocke Butter und einem Zweig Rosmarin nachbraten.

Das Gemüse auf einen Teller geben, Die Schupfnudeln daneben anrichten. Die Weinbergpfirsiche auf das Gemüse legen. Den Rehrücken aufschneiden und ebenfalls auf dem Gemüse anrichten. Mit Eisenkraut garnieren.

WALDPILZPFANNE

FÜR 4 PERSONEN

- 600 g gemischte Waldpilze (Steinpilze, Pfifferlinge, Maronen, Hexer)
- 1 Knoblauchzehe
- 2 Schalotten
- etwas Öl zum Anbraten
- 4 Eier
- etwas Butter
- Mélange Noir (Pfeffermischung)
- Salz
- 1 Bund Frühlingslauch
- 4 Scheiben Graubrot

ZUBEREITUNGSZEIT: 40 MINUTEN

Die Pilze putzen und in Scheiben schneiden.

Knoblauch und Schalotten schälen und fein würfeln.

Die Pilze in einer gusseisernen Pfanne mit etwas Öl scharf anbraten, Schalotten und Knoblauch dazugeben und mitbraten.

Die Eier aufschlagen und daraufgeben. Eine Flocke Butter hinzugeben und bei mittlerer Hitze gar ziehen lassen. Mit Mélange Noir und Salz würzen. Den Frühlingslauch waschen, putzen und fein schneiden und das Gericht damit dekorieren.

Das Graubrot mit etwas Öl in einer Pfanne anrösten, salzen und dazu servieren.

GESCHMORTES RAGOUT

VON DER HIRSCHKALBSHAXE MIT KÜRBIS, KÜRBISSCHAUM UND SALBEI

FÜR 4 PERSONEN

FÜR DAS RAGOUT

- 2 Karotten
- ½ Knollensellerie
- 1 Stange Lauch
- 2 Zwiebeln
- 2 Knoblauchzehen
- 4 Hirschkalbshaxe
- Salz
- frisch gemahlener schwarzer Pfeffer
- neutrales Öl (Sonnenblumenöl oder Rapsöl)
- 2 EL Tomatenmark
- 200 ml Rotwein
- 500 ml Brühe
- 1 Zweig Rosmarin
- 2 Zweige Thymian
- 2 Lorbeerblätter
- 10 Wacholderbeeren
- 1 Nelke
- etwas Saucenbinder, falls nötig

Den Backofen auf 160 °C vorheizen.

Ragout

Die Karotten und den Sellerie waschen, schälen und in walnussgroße Würfel schneiden. Den Lauch längs halbieren und unter fließendem Wasser waschen. Ebenfalls in Stücke schneiden.

Die Zwiebeln und den Knoblauch schälen. Die Zwiebeln in grobe Würfel schneiden und den Knoblauch fein hacken.

Die Hirschkalbshaxen vom Knochen lösen, in grobe Stücke schneiden, mit Salz und Pfeffer würzen und in einem Bräter mit etwas Öl von beiden Seiten anbraten. Aus dem Bräter nehmen und darin die Karotten und den Sellerie sowie Zwiebeln und Knoblauch anschwitzen. Das Tomatenmark hinzugeben und mitrösten. In zwei Portionen mit Rotwein ablöschen und einkochen lassen.

Die Haxen auf das Gemüse in den Bräter geben und mit Brühe bedecken. Hierbei sollte das Fleisch komplett mit Flüssigkeit bedeckt sein.

Die Kräuterstängel waschen und zusammen mit Salz, Pfeffer, dem Lauch und den Gewürzen in den Bräter geben.

Den Bräter nun für 1 ½ Stunden in den vorgeheizten Backofen geben. Die Konsistenz des Fleisches mehrmals mithilfe einer Fleischgabel kontrollieren. Nach Ende der Garzeit die Haxen aus dem Bräter nehmen und das Gemüse durch ein feines Sieb passieren. Die Soße in einem Topf auffangen, um ein Drittel einkochen lassen, mit Salz und Pfeffer abschmecken. Gegebenenfalls für die Bindung mit ein bisschen Saucenbinder (Mondamin) andicken.

Nun das Haxenfleisch zum Erwärmen wieder in die Sauce geben.

Fortsetzung: nächste Seite

FÜR DAS GEMÜSE

- 1 Hokkaidokürbis
- Salz
- frisch gemahlener schwarzer Pfeffer
- etwas Zucker
- Olivenöl
- 1 Bund Salbei
- etwas Öl zum Frittieren
- 3 EL Kürbiskerne
- etwas Mehl zum Bestäuben

FÜR DIE SAUCE

- 3 Schalotten
- ein paar Abschnitte vom Hokkaidokürbis
- etwas Sonnenblumenöl
- 150 ml Weißwein
- 200 ml Brühe
- 2 Lorbeerblätter
- 100 ml Sahne
- 150 g Butter
- Salz
- frisch gemahlener schwarzer Pfeffer

- gebratene Gnocchi (Rezept siehe Seite 223)

**ZUBEREITUNGSZEIT:
2 ½ STUNDEN**

Kürbisgemüse

Den Kürbis waschen, halbieren, vom Kerngehäuse befreien und in circa 1 Zentimeter dicke Ecken schneiden. Die Reste, Abschnitte und etwas vom Kürbis zurückbehalten, den benutzen wir später für die Sauce.

Auf ein Backblech geben, mit Salz, Pfeffer und Zucker würzen und mit Olivenöl beträufeln.

Bei 160 °C für circa 10 Minuten mit in den Backofen geben.

Die Salbeiblätter vom Stiel zupfen und in einem kleinen Topf mit etwas Öl frittieren. Auf einem Küchentuch abtropfen lassen und leicht salzen.

Die Kürbiskerne in einer Pfanne mit etwas Öl leicht rösten, mit Mehl bestäuben und salzen.

Sauce

Die Schalotten schälen und in feine Würfel schneiden. Zusammen mit dem zurückgelegten Kürbisteilen in einem Topf mit etwas Sonnenblumenöl anschwitzen.

Mit Weißwein ablöschen, Brühe und Lorbeerblätter hinzugeben und um die Hälfte reduzieren lassen. Dann die Lorbeerblätter herausnehmen. Die Sahne angießen, einmal aufkochen lassen und dann die Sauce mithilfe eines Stabmixers oder Standmixers mixen. Nach und nach die kalte Butter hinzugeben. Mit Salz und Pfeffer abschmecken. Zum Schluss die Sauce durch ein feines Sieb geben.

Das Ragout in die Mitte eines Tellers geben die gebratenen Gnocchi darauf verteilen, den Kürbis anrichten, mit dem frittierten Salbei und den gerösteten Kürbiskernen dekorieren und die Sauce angießen.

BIENENHONIGWABE

MIT HIRSCHHERZSCHINKEN UND FRISCHKÄSE

FÜR 4 PERSONEN

- 4 hauchdünne Scheiben Roggenbrot
- 2 EL Olivenöl und etwas mehr für das Brot
- Salz
- 400 g Frischkäse (schnittfest)
- 200 g Hirschherzschinken oder Wildschinken
- 400 g Bienenhonigwabe
- etwas Hibiskus-Fleur-de-Sel
- 2 EL Aceto balsamico

ZUBEREITUNGSZEIT: 20 MINUTEN

Die Roggenbrotscheiben mit etwas Olivenöl beträufeln, mit Salz würzen und im Ofen bei 160 °C circa 5 Minuten backen, bis sie knusprig sind und eine schöne Farbe bekommen haben.

Den Frischkäse in 8 gleich große Stücke schneiden und auf den Tellern anrichten.

Den Hirschherzschinken hauchdünn aufschneiden und neben dem Frischkäse drapieren.

Nun die Honigwabe mit einem heißen, scharfen Messer in 4 gleich große Stücke schneiden und je eines auf jeden Teller geben.

Die gerösteten Roggenbrotscheiben darauf drapieren und den Frischkäse mit etwas Hibiskus-Fleur-de-Sel würzen.

Den Balsamicoessig mit 2 Esslöffel voll Olivenöl vermengen und den Teller damit beträufeln.

Wer mag, kann auch gern den Hirschherzschinken durch Wildschinken, Wildschwein oder Schweinecoppa oder luftgetrockneten Schinken ersetzen.

Tipp
Die Honigwabe bekommen Sie beim Imker Ihres Vertrauens.

MAULTASCHEN

VON DER GAMS IN DER BRÜHE MIT SCHMELZZWIEBELN

FÜR 4 PERSONEN

MAULTASCHENFÜLLUNG

- 500 g Gamsfleisch aus der Keule
- 100 ml Milch
- 100 g alte Wecken
- 1 Schalotte
- etwas neutrales Öl zum Anbraten
- 2 Eier
- gemahlener Koriander
- gemahlene Wacholderbeeren
- Thymian
- Salz, frisch gemahlener schwarzer Pfeffer

AUSSERDEM

- Nudelteig (siehe Seite 223)
- 1 Ei
- Salz
- 20 Rosenkohlröschen
- 16 kleine Bundkarotten
- Wildbrühe (siehe Seite 225)
- 2 Zwiebeln
- 100 g Butter
- 1 Bund Schnittlauch
- 80 g gegarte Maronen

ZUBEREITUNGSZEIT: 1 ½ STUNDEN

Maultaschenfüllung

Das Gamsfleisch durch den Fleischwolf drehen (2,5-Millimeter-Scheibe). Die Milch erwärmen und die Wecken damit übergießen und quellen lassen. Die Schalotte fein würfeln und in etwas neutralem Öl glasig dünsten.

Die Wecken kräftig ausdrücken und zerzupfen. Mit dem gewolften Gamsfleisch, 1 Ei und der Schalotte sorgfältig zu einer Masse verarbeiten. Mit den Gewürzen abschmecken.

Maultaschen

Den Nudelteig auf einer bemehlten Arbeitsfläche circa 2 Millimeter dünn ausrollen. Dies geht besonders gut mithilfe einer Nudelmaschine, so haben Sie auch gleich die gewünschten Maße in Form eines Rechteckes.

Die Nudelbahn mit Ei bepinseln. Nun die Füllung auf die unteren zwei Drittel des Teiges geben. Die untere, lange Seite einmal einschlagen und locker nach oben hin aufrollen. Die so entstandene Rolle mithilfe eines Kochlöffelstieles in 20 gleich große Stücke unterteilen. Den Teig dabei fest andrücken. Die Stücke mit einem Messer abtrennen. Der Teig muss, anders als bei Ravioli, die Füllung nicht komplett umschließen, er hat genug Bindung, sodass die Maultaschen beim Garen nicht auseinanderfallen. Nun die Maultaschen in reichlich gesalzenem Wasser gar kochen.

Den Rosenkohl putzen und halbieren. Die Karotten schälen und zusammen mit dem Rosenkohl in reichlich gesalzenem Wasser gar kochen. Man kann auch die Maultaschen zusammen mit dem Gemüse in der Brühe gar kochen. Durch das Austreten des Eiweißes oder von Mehlresten kann es passieren, dass die Brühe trüb wird.

Schmelzzwiebeln

Die Zwiebeln schälen und in feine Würfel schneiden. Mit der Butter in einer Pfanne glasig dünsten und einige Minuten lang köcheln lassen.

Den Schnittlauch in feine Ringe schneiden. Die Maultaschen in einem tiefen Teller anrichten, Gemüse und Maronen hinzugeben und mit der heißen Brühe übergießen. Mit Schmelzzwiebeln und Schnittlauch garnieren.

GANZE REHKEULE

VOM GRILL MIT BUNTEM TOMATENSALAT

FÜR 4 PERSONEN

- 1 ganze Rehkeule, ca. 1,2 kg
- 4 EL Sonnenblumenöl
- Salz
- frisch gemahlener schwarzer Pfeffer
- 3 Schalen bunte Tomaten (ca. 250 g pro Schale)
- ½ Wassermelone
- Zucker
- Aceto balsamico bianco
- Olivenöl
- 1 Bund Minze
- 1 Bund Basilikum

ZUBEREITUNGSZEIT: 2 STUNDEN

Die Rehkeule vom Schlossknochen befreien. Den Kugelgrill anheizen. Es sollte eine schöne Glut und eine konstante Temperatur von maximal 130 °C herrschen, wenn Sie die Keule hineinlegen. Die Keule nun mit dem Sonnenblumenöl bepinseln oder einreiben, bevor wir sie langsam im Kugelgrill grillen, bis das Fleisch eine Temperatur von 58 °C erreicht hat. Mehrmals wenden. Die fertige Keule vom Grill nehmen. Die Keule aufschneiden, mit Salz und Pfeffer würzen und servieren.

Für den Tomatensalat die Tomaten waschen und halbieren.

Die Wassermelone in gleich große Stücke schneiden mit den Tomaten vermengen und mit Salz, Pfeffer, 1 Prise Zucker, Essig und Olivenöl abschmecken.

Minze und Basilikum waschen, trocken tupfen, von den Stielen zupfen und damit den Salat garnieren.

WILDSCHWEINSCHNITZEL

IN DER HASELNUSSPANADE MIT GURKENSALAT, RADICCHIO UND PREISELBEEREN

FÜR 4 PERSONEN

› 1 Kopf Radicchio
› 1 Salatgurke
› Salz
› frisch gemahlener schwarzer Pfeffer
› 2 EL Essig
› 4 El Traubenkernöl
› 400 g Wildschweinrücken
› 100 g Mehl
› 2 Eier
› 50 g Haselnussgrieß
› 50 g gehobelte Haselnüsse
› 100 g Paniermehl
› etwas Butterschmalz
› kalt gerührte Preiselbeeren (siehe Seite 218)
› Dillspitzen

ZUBEREITUNGSZEIT: 45 MINUTEN

Den Radicchio waschen und klein zupfen, die Gurke ebenfalls waschen, teilweise schälen und in feine Scheiben schneiden. Beides miteinander vermengen und mit Salz, Pfeffer, Essig und Öl marinieren.

Für die Schnitzel den Wildschweinrücken in acht Scheiben schneiden und zwischen einem Backpapier zu dünnen Schnitzeln klopfen.

Mit Salz und Pfeffer würzen und nacheinander erst in Mehl, dann in Ei. Bitte nicht mixen, sondern nur mit einer Gabel verquirlen, so soufflieren die Schnitzel beim Braten schöner (Blasenwurf der Panade). Zum Schluss mit dem Gemisch aus Haselnüssen und Paniermehl panieren.

Die Schnitzel in einer Pfanne mit etwas Butterschmalz goldbraun braten.

Den Salat in der Mitte jedes Tellers anrichten, die gebratenen Schnitzel darauflegen. Preiselbeeren dazugeben und mit Dillspitzen garnieren.

PULLED PORK BALLS

VON DER WILDSCHWEINSCHULTER, BERGKÄSECREME UND MARINIERTE ZWETSCHGEN

FÜR 4 PERSONEN

FÜR DIE PULLED PORK BALLS

- 1 Karotte
- ½ Knollensellerie
- 4 Zwiebeln
- 1 Stange Lauch
- etwas Öl zum Anbraten
- 500 ml Rotwein
- 250 ml Mirin (süßer Reiswein)
- 150 ml Sojasauce
- 2 l Brühe
- 1 kg Wildschweinschulter ohne Knochen
- 2 Stangen Zitronengras
- 1 Stange Zimt
- 4 Lorbeerblätter
- 1 EL Wacholderbeeren
- 1 Nelke
- 1 Stück Ingwer
- 2 Knoblauchzehen
- 1 EL grober Senf
- 1 EL Senf
- 200 g Mehl
- 2 Eier
- 200 g Panko
- reichlich Öl für die Fritteuse

Pulled Pork Balls

Karotte, Sellerie, Zwiebeln und Lauch waschen, putzen und in walnussgroße Würfel schneiden und in einem großen Bräter in etwas Öl kräftig anbraten. Das Gemüse mit Rotwein ablöschen und einkochen. Wenn der Rotwein verkocht ist, mit Mirin, Sojasauce und Brühe auffüllen. Die Wildschweinschulter und die Gewürze hineinlegen und bei 160 °C 2 ½ Stunden im Ofen schmoren.

Die fertige Schulter nach Ende der Garzeit aus dem Sud herausnehmen und auskühlen lassen. Den Sud durch ein feines Sieb oder Tuch in einen Topf passieren. Ingwer und Knoblauch schälen, auf einer Reibe reiben, zusammen mit dem Senf in den Sud geben und einkochen lassen. Wenn der Sud um die Hälfte eingekocht ist, die Schulter mit 2 Gabeln auseinanderzupfen und mit dem Sud marinieren.

Die Pulled-Pork-Masse nun in 30 Gramm schwere Kugeln formen und nacheinander in Mehl, Ei und Panko wälzen. Die Bällchen in der Fritteuse bei 160 °C ausbacken.

Fortsetzung: nächste Seite →

FÜR DIE KÄSECREME

- 60 g Bergkäse
- 80 ml Milch
- 1 Eigelb
- 100 g Ricotta
- Salz
- frisch gemahlener schwarzer Pfeffer
- frisch gemahlene Muskatnuss

FÜR DIE ZWETSCHGEN

- 250 g Zwetschgen
- 4 EL Zucker
- 5 schwarze Pfefferkörner
- ½ Stange Zimt
- 150 ml roten Portwein
- 150 ml Weißwein
- 1 EL Soßenbinder bzw. Speisestärke (z. B. Mondamin)

AUSSERDEM

- 1 rote Zwiebel
- 1 Staudensellerie
- 8 Scheiben Speck

ZUBEREITUNGSZEIT: 3 ½ STUNDEN

Käsecreme

Den Bergkäse reiben, die Milch in einem kleinen Topf erhitzen und den geriebenen Bergkäse dazugeben. So lange rühren, bis der Käse sich vollständig aufgelöst hat. Den Topf vom Herd nehmen und das Eigelb hinzugeben. Den Topf wieder auf den Herd stellen und unter ständigem Rühren auf 80 °C erhitzen. Zum Schluss den Ricotta unterrühren und mit Salz, Pfeffer und Muskatnuss abschmecken. Falls vorhanden, eignet sich hier ein Mixer mit Temperaturkontrolle hervorragend.

Zwetschgen

Die Zwetschgen halbieren, vom Kern befreien und vierteln. Den Zucker in einem Topf karamellisieren lassen. Die Zwetschgen daraufgeben, die Pfefferkörner und den Zimt dazugeben und sofort mit dem roten Portwein und dem Weißwein ablöschen. Nun die Flüssigkeit um die Hälfte reduzieren lassen. Die Zwetschgen sollten dabei nicht zu weich werden. Falls dies doch passiert, die Zwetschgen herausnehmen, die Flüssigkeit weiter reduzieren lassen und dann mit Mondamin andicken.

Die rote Zwiebel schälen und in sehr feine Ringe schneiden. Den Staudensellerie in ebenso feine Scheiben schneiden. Den Speck in einer Pfanne kross braten.

Die Käsecreme auf den Tellern verteilen und die frittierten Pulled Pork Balls darauflegen. Die Zwetschgen rundherum verteilen, den krossen Speck, die Zwiebeln und den Staudensellerie auf die Bällchen setzen und servieren.

STEINPILZCARPACCIO

MIT WILDEM KERBEL, PARMESAN UND OLIVENÖL

FÜR 4 PERSONEN

- 100 ml Olivenöl
- Salz
- frisch gemahlener schwarzer Pfeffer
- 8–10 feste Steinpilze
- 1 Stück Parmesan
- 1 Handvoll wilder Kerbel

ZUBEREITUNGSZEIT: 15 MINUTEN

Die Fläche eines Tellers mit Olivenöl beträufeln und mit Salz und Pfeffer würzen.

Die Steinpilze daraufhobeln; das geht am besten mit einem Trüffelhobel. Die Pilze nun auch von oben würzen und mit ein wenig Olivenöl beträufeln.

Den Parmesan auf die Pilze reiben und den Teller mit wildem Kerbel dekorieren.

ROGGENBROT-FLAMMKUCHEN

FÜR 4 PERSONEN

- Brotteig (Rezept siehe Seite 222)
- Crème fraîche
- Schmand
- Philadelphia
- Frühlingszwiebeln

ZUBEREITUNGSZEIT: 30 MINUTEN + 24 STUNDEN RUHEZEIT FÜR DEN BROTTEIG

Belag nach Belieben, z. B. Steinpilze, Wildschinken und rote Zwiebeln oder aber Kürbis, Hirschherzschinken und Schalotten oder auch Wildsalami und Zwiebeln

Den Backofen auf 230 °C vorheizen.

Den Brotteig in 4 gleich große Teile teilen und auf einer mit Mehl bestäubten Arbeitsfläche dünn ausrollen. Die Crème fraîche, Schmand und Philadelphia vermischen, die Frühlingszwiebeln waschen, putzen, in feine Röllchen schneiden und unter die Creme mischen. Das Brot mit der Creme bestreichen, den Belag nach Belieben verteilen und bei 230 °C 4–6 Minuten knusprig backen. Hierzu eignet sich ein Pizzastein im Ofen oder auf einem Kugelgrill hervorragend.

WILDBLUTWURST

GEBACKEN UND GEBRATEN MIT JAKOBSMUSCHELN

FÜR 4 PERSONEN

KARTOFFELSTAMPF
- 1 kg Kartoffeln
- 250 ml Milch
- 40 g Butter
- Salz
- frisch geriebene Muskatnuss

FÜR DIE MEERRETTICH-SAUCE
- 4 Schalotten
- etwas Sonnenblumenöl
- 2 EL Sahnemeerrettich
- 200 ml Weißwein
- 200 ml Brühe
- 2 Lorbeerblätter
- 100 ml Sahne
- 150 g Butter
- Salz
- frisch gemahlener schwarzer Pfeffer
- Saft von 1 Zitrone

Kartoffelstampf
Die Kartoffeln schälen, waschen und in Salzwasser circa 20 Minuten gar kochen. Die gekochten Kartoffeln abgießen, zurück in den Topf geben und bei der Restwärme des Herdes ausdämpfen lassen.

Die Milch erwärmen, zu den Kartoffeln geben und mit einem Kartoffelstampfer mehrmals durchstampfen. Mit Butter, Salz und Muskat abschmecken.

Meerrettichsauce
Die Schalotten schälen und in feine Würfel schneiden. In einem Topf mit etwas Sonnenblumenöl anschwitzen. Den Sahnemeerrettich hinzugeben und mit anschwitzen. Mit Weißwein ablöschen, Brühe und Lorbeerblätter hinzugeben und um die Hälfte reduzieren lassen. Mit Sahne aufgießen, einmal aufkochen und mithilfe eines Stabmixers oder Standmixers mixen. Dabei nach und nach die Butter hinzugeben.

Mit Salz, Pfeffer und Zitronensaft abschmecken. Zum Schluss die Sauce durch ein feines Sieb geben.

Fortsetzung: nächste Seite

FÜR DIE BLUTWURST

- 1 Ei
- 6 Scheiben Wildblutwurst
- 100 g Mehl
- 50 g Paniermehl
- etwas Sonnenblumenöl
- 1 kg frischen Blattspinat
- etwas Butter
- Salz
- frisch geriebene Muskatnuss

AUSSERDEM

- 4 St frische Jakobsmuschel ohne Muskel ohne Schale
- 1 Stück frischen Meerrettich
- frische Kräuter zum Dekorieren

ZUBEREITUNGSZEIT: 1 STUNDE

Blutwurst

Für die gebackene Blutwurst das Ei mixen, 2 Scheiben Blutwurst erst in Mehl, dann in Ei und zum Schluss in Paniermehl wälzen. In einer Pfanne mit Sonnenblumenöl oder in der Fritteuse ausbacken.

Die anderen 4 Scheiben Blutwurst sowie die Jakobsmuscheln von beiden Seiten in Mehl wälzen und in einer Pfanne mit etwas Sonnenblumenöl anbraten.

Spinat

Den Spinat putzen, die Stiele entfernen und waschen. Einen großen Topf mit etwas Butter darin erwärmen und den Spinat hineingeben. Mit einem Deckel für circa 2 Minuten abdecken, bis der Spinat zusammenfällt. Den Deckel herunternehmen und den Spinat mit Salz und Muskat würzen.

Den Kartoffelstampf in einem tiefen Teller anrichten. Mit einem Löffel eine kleine Kuhle in den Stampf drücken und den Spinat hineinlegen. Die gebackene Blutwurst halbieren und auf jedem Teller eine Hälfte geben. Die gebratene Blutwurst auf den Spinat legen und die Jakobsmuscheln darauf anrichten.

Die Meerrettichsauce aufschäumen und angießen. Frischen Meerrettich darüberreiben.

Mit Kräutern dekorieren.

WILD-EXKURS

KÖRPERLÄNGE:
105–130 Zentimeter

GEWICHT:
bis 200 Kilogramm und mehr

Der Rothirsch gehört zur größten Wildart seiner Gattung und kommt in heimischen Wäldern nur selten vor z.B. im Nordschwarzwald Murgtal im Südschwarzwald am Schluchsee oder im Schömberg bei Stuttgart. Die Hirsche *(cervidae)* oder Geweihträger sind eine Säugetierfamilie aus der Ordnung der Paarhufer. Markantestes Kennzeichen der Hirsche sind die an Gestalt variantenreichen, nur von den Männchen getragenen Geweihe, die jährlich abgeworfen und neu gebildet werden. Die hauptsächliche Nahrung der Tiere besteht aus Pflanzen, wobei weiche und harte Pflanzenteile in unterschiedlichem Maß konsumiert werden.

PAARUNG/ BRUNFTZEIT:
Anfang September bis Mitte Oktober

JAGDZEIT:
August bis Ende Januar

ROTWILD

1.
2.
3.
4.
5.

IN DER KÜCHE

Das Fleisch eines Rothirsches ist dunkelrot bis rotbraun, fettarm und sehr aromatisch.

1. HALS:
Als Gulasch oder Ragout.

2. SCHULTER(BLATT):
Im Ganzen geschmort, als Ragout, Geschnetzeltes oder als Hack verarbeitet.

3. RÜCKEN:
Kann mit dem Knochen im Ganzen gebraten werden. Perfekt für den Grill oder zum Kurzbraten, für Koteletts, Karrees, Steaks und Medaillons.

4. KEULEN:
Eignen sich gut für Schnitzel, Steaks, Rouladen oder als Grillgut.

5. BAUCH:
Für Hack, Eintopf, Bratenfond oder Rollbraten.

6. INNEREIEN:
Die Leber und Niere zum Kurzbraten, Herz für Schinken als Einlage für die Wurst oder auch feingeschnitten zum Braten.

IM WALD

WO DIE WILDTIERE WOHNEN

Der Südschwarzwald ist meine Heimat. Seine ausgedehnten Wälder und offenen, extensiv bewirtschafteten Wiesenflächen, das gedämpfte Licht, der Duft des feuchten Bodens, die vielen Kräuter und Pilze sind charakteristisch für diesen Landstrich. Die Ressourcen des Waldes und der Jahresrhythmus bestimmen meine Küche und der Aufenthalt dort verschafft mir Ruhe und Auszeit.

Das Romantik Hotel Spielweg liegt in der Gemeinde Münstertal und bietet wunderschöne Blumenwiesen und Weiden in direkter Nähe.

Unser Jagdrevier, der Obere Wald, liegt im Münstertal, dunkel-verwunschen und vor allem einsam. Hier finde ich vieles, was ich für meine Gerichte brauche und was sie prägt: Fichtensprossen, viele Wildkräuter, Bärwurz, Wildkerbel, Bärlauch und natürlich jede Menge Pilze. Und es ist das Jagdrevier meines Vaters, der gemeinsam mit Johannes und seinen Jagdpächtern in der Saison rausgeht. Sie alle kennen den Wald und das ganze Gelände sehr gut. Der Wald hat seine eigenen Gesetze, die man verstehen muss, um ihn und seine Ressourcen so schonend wie möglich zu nutzen. So schöpfen wir das ganze Jahr aus der Natur, leben mit ihr und richten unsere Küche danach aus. Nachhaltig, wertschätzend und mit tiefem Respekt.

DESSERTS & Torten

UNSERE SÜSSEN KLASSIKER

Johannes ist der Meister des Süßen. Am Anfang seiner Karriere hat er Konditor gelernt und erst im Anschluss eine Kochlehre gemacht. Auf seinem beruflichen Werdegang ist er fast immer in der Patisserie gewesen, deshalb ist er unser absoluter Fachmann für alle Nachspeisen und Süßkram aller Art, vom Dessert bis zum Kuchen.

Bei der Zubereitung unserer Desserts spielen unsere eigenen lokalen und regionalen Produkte eine ebenso große Rolle wie bei den Wildgerichten. Wir arbeiten wenn möglich mit wilden Beeren, eigenen eingelegten Früchten, unserem Honig. Wer kann, sollte auf lokale Manufaktur-Erzeugnisse achten, denn oft haben sie einen ganz eigenen, unverwechselbaren Geschmack und machen jedes Dessert zu einem ganz besonderen Abschluss eines Menüs.

RUMFRÜCHTE

MIT GRIESS-EIS UND BUTTERSTREUSELN

FÜR 4 PERSONEN

GRIESS-EIS
- 450 ml Milch
- 35 g Grieß
- 375 ml Sahne
- 150 g Zucker
- 180 g Eigelb

BUTTERSTREUSEL
- 50 g Butter
- 50 g Zucker
- 100 g Mehl

RUMTOPF
- 350 g Rumtopf-Früchte (siehe Seite 216)
- 100 g Zucker
- 50 ml Rotwein
- 100 ml Rumtopf-Fond
- 1 EL Speisestärke

ZUBEREITUNGSZEIT: 1 ½ STUNDEN

Grieß-Eis
Für das Grieß-Eis die Milch zusammen mit dem Grieß aufkochen und circa 5 Minuten köcheln lassen. Sahne und Zucker hinzugeben und erneut aufkochen. Das Eigelb in einer Schüssel verrühren. Die heiße Grießmasse nun unter ständigem Rühren unter das Eigelb geben. Die Masse nun auf 82 °C erhitzen, in eine Schüssel geben und am besten im Kühlschrank oder Eisfach abkühlen lassen.

Im kalten Zustand in eine Eismaschine geben oder zu Hause ins Eisfach stellen und halbstündlich gründlich umrühren.

Butterstreusel
Für die Butterstreusel alle Zutaten miteinander vermengen. Die so entstandenen Streusel auf ein Backblech geben und bei 175 °C für 15–20 Minuten goldbraun backen, dabei immer mal wieder umrühren.

Rumtopf
Für den Rumtopf die Früchte aus dem Fond nehmen, abtropfen lassen und gegebenenfalls klein schneiden. Den Zucker in einem Topf karamellisieren lassen, mit Rotwein ablöschen, den Rumtopf-Früchtefond hinzugeben. Alles einige Minuten köcheln lassen, um den Alkohol etwas zu reduzieren. Die Flüssigkeit mit etwas Speisestärke sämig abbinden und die Rumtopf-Früchte hinzugeben. Auskühlen lassen.

Alle Komponenten auf einem Teller oder in einer Schale anrichten.

HAUSGEMACHTER JOGHURT

MIT WEISSTANNENHONIG, APFELKOMPOTT UND KARAMELLISIERTEN ZEREALIEN

FÜR 4 PERSONEN

FÜR DEN JOGHURT
- 1 l Rohmilch
- 25 g Magermilchpulver
- Joghurtkulturen (aus dem Molkereibedarf)

FÜR DAS KOMPOTT
- 4 Äpfel (Elstar)
- 80 g Zucker
- 1 Zimtstange
- Saft von ½ Zitrone

KARAMELLISIERTE ZEREALIEN
- 100 g Zerealien (kernige Haferflocken)
- 50 g Zucker
- 1 TL Weißtannenhonig

ZUBEREITUNGSZEIT: 45 MINUTEN + 5 STUNDEN RUHEZEIT FÜR DEN JOGHURT

Joghurt

Die Milch in einem Topf bei mittlerer Hitze auf 92 °C unter mehrmaligem Rühren erhitzen. Dabei 100 Milliliter Milch übrig lassen und mit dem Magermilchpulver verrühren. Durch ein Sieb passieren und in die heiße Milch einrühren. Die Milch in ein sauberes Metallbehältnis geben und auf 45 °C herunterkühlen lassen. Die Joghurtkulturen hinzugeben und gut mit einem Schneebesen einrühren, hierbei die Menge entsprechend der Packungsanleitung entnehmen. Für mindestens 4–5 Stunden an einem warmen Ort ruhen lassen. Wichtig ist, dass das Behältnis während dieser Zeit nicht bewegt wird. Während dieses Prozesses »versäuert« der Joghurt und wird fest.

Über Nacht im Kühlschrank auskühlen lassen und am nächsten Tag mit einem Schneebesen sämig rühren.

Apfelkompott

Die Äpfel waschen, schälen, vom Kerngehäuse befreien und in grobe Würfel schneiden. Zucker in einem Topf mit 1 Teelöffel Wasser und der Zimtstange karamellisieren lassen. Die Äpfel und den Zitronensaft hinzugeben und in der eigenen Flüssigkeit weich kochen.

Karamellisierte Zerealien

Alle Zutaten zusammen mit 2 Teelöffeln Wasser in einem Topf unter ständigem Rühren karamellisieren lassen. Die heiße Masse auf ein Packpapier geben, ausbreiten und auskühlen lassen.

Alle Komponenten auf einem Teller anrichten.

MANDELBUCHTELN

MIT ZWETSCHGEN UND KAFFEE-EIS

FÜR 4 PERSONEN

FÜR DAS KAFFEE-EIS

- 750 ml Kaffee
- 375 ml Sahne
- 150 g Zucker
- 180 g Eigelb

FÜR DEN HEFETEIG

- 500 g Weizenmehl (Type 405)
- 250 ml Milch
- 42 g Hefe
- 125 g Butter
- 80 g Zucker
- 5 g Salz
- 640 g Zwetschgen
- 1 Prise Zimt
- 40 g Zucker
- 100 g flüssige Butter

FÜR DIE MANDELKRUSTE

- 90 g Zucker
- 60 g Eiweiß
- 90 g Mandelblätter

ZUBEREITUNGSZEIT: 2 ½ STUNDEN (INKL. BACK- UND GEHZEIT)

Den Backofen auf 170 °C vorheizen

Kaffee Eis

Den Kaffee in einem Topf aufstellen und um die Hälfte einkochen. Sahne und Zucker in den eingekochten Kaffee geben und erneut aufkochen. Eigelb in einer Schüssel verrühren. Die heiße Kaffee-Sahne-Zucker-Mischung nun unter ständigem Rühren unter das Eigelb geben. Die Masse auf 82 °C erhitzen, durch ein feines Sieb passieren und am besten im Kühlschrank oder Eisfach abkühlen lassen. Im kalten Zustand in eine Eismaschine geben oder ins Eisfach stellen und halbstündlich gründlich umrühren.

Buchteln

Aus 200 Gramm Mehl, der lauwarmen Milch und der Hefe einen Vorteig herstellen. An einem warmen Ort 20 Minuten gehen lassen.

Weiche Butter, Zucker und Salz und das restliche Mehl zum Vorteig dazugeben und zu einem glatten Teig kneten. Weitere 15 Minuten gehen lassen.

Die Zwetschgen mit Zimt und Zucker marinieren und in eine ofenfeste Form geben. Den Hefeteig nun in 30 Gramm schwere Kugeln formen und in die flüssige Butter tunken. Nebeneinander in die Form auf die Zwetschgen setzen.

Mandelkruste

Für die Mandelkruste Zucker mit Eiweiß und den Mandelblättchen vermengen und gleichmäßig auf den Buchteln verteilen. 15 Minuten an einem warmen Ort gehen lassen.

Die Form bei 170 °C für 30 Minuten in den Backofen geben und goldbraun backen.

Tipp

Ein Ofenblech darunterstellen, da es sein kann, dass der Saft der Zwetschgen aus der Form tropft.

KAISERSCHMARRN

MIT APRIKOSEN UND MANDELN

FÜR 4 PERSONEN

- 90 g Quark
- 40 g Sahne
- 4 Eigelb
- 80 g Zucker
- 4 Eiweiß
- 90 g Weizenmehl (Type 405)
- 8 Aprikosen
- 1 Handvoll geröstete Mandelblättchen
- etwas Puderzucker
- 1 EL Butter

ZUBEREITUNGSZEIT: 30 MINUTEN

Den Backofen auf 175 °C vorheizen.

Für die Kaiserschmarrn-Masse Quark, Sahne und Eigelb in einer Schüssel miteinander verrühren. Zucker und Eiweiß in einer Küchenmaschine steif schlagen. Erst Mehl unter die Quarkmasse rühren und dann den Eischnee vorsichtig unterheben.

Die Aprikosen halbieren, vom Stein befreien und in Ecken schneiden.

Eine Pfanne auf dem Herd warm werden lassen und die Masse einfüllen. Die Aprikosenecken darauflegen, mit Mandelblättchen und Puderzucker bestreuen und im vorgeheizten Backofen bei 175 °C 8–10 Minuten backen.

Die Pfanne aus dem Ofen nehmen, einige Butterflöckchen darauf verteilen, wenden und mit zwei Gabeln vorsichtig in grobe Stücke reißen.

WILDHEIDELBEEREN-FINANCIERS

FÜR 20 STÜCK

- 100 g Mandelgrieß
- 300 g Zucker
- 100 g Weizenmehl (Type 405)
- 1 EL Honig
- 270 g Eiweiß
- 175 g Butter
- 1 Handvoll Wildheidelbeeren

ZUBEREITUNGSZEIT: 45 MINUTEN

Den Backofen auf 175 °C vorheizen.

Mandelgrieß mit Zucker, Mehl, Honig und dem Eiweiß verrühren. Die Butter in einen kleinen Topf geben und langsam erhitzen. Hierbei setzt sich die Molke am Boden ab, fängt an zu rösten und wird braun. Die Butter nach und nach unter die anderen Zutaten rühren, sodass eine glatte Masse entsteht. Die Masse in kleine Backförmchen geben, die wilden Heidelbeeren darauf verteilen und bei 175 °C 20 Minuten backen.

Tipp

Die Masse hält sich auch gut mehrere Tage im Kühlschrank.

SCHWARZWÄLDER KIRSCHTORTE

FÜR 4 PERSONEN

BISKUITTEIG
- 6 Eier
- 150 g Zucker
- 120 g Mehl
- 30 g Puderzucker
- 30 g Kakao

KIRSCHEN
- 1 Glas Schattenmorellen
- 100 g Zucker
- 40 g Speisestärke

SAHNE
- 6 Blatt Gelatine
- 100 g Zucker
- 80 g Kirschwasser
- 1 l Sahne

DEKORATION
- 100 g Sahne
- 200 g gehobelte Schokolade

ZUBEREITUNGSZEIT:
1 ½ STUNDEN

Biskuit
Die Eier sauber trennen. Das Eigelb in einer Küchenmaschine zusammen mit 100 Gramm Zucker schaumig schlagen. Das Eiweiß in einer anderen Schüssel mit dem restlichen Zucker steif schlagen. Das Eiweiß vorsichtig mit einem Küchenhelfer unter die Eigelbmasse heben. Mehl, Puderzucker und Kakao miteinander vermengen, in die Masse sieben und ebenfalls unterheben. Die Springform mit Backpapier auslegen und die Masse einfüllen. Im vorgeheizten Backofen bei 180 °C 25–30 Minuten backen. Auf einem Kuchengitter auskühlen lassen. Im kalten Zustand aus der Springform holen. Den Biskuit nun in 3 gleich große Böden schneiden.

Kirschen
Die Kirschen auf einem Sieb abtropfen lassen, dabei die Flüssigkeit in einem kleinen Topf auffangen. Die Flüssigkeit mit dem Zucker aufkochen, hier 6 Esslöffel übrig lassen und damit die Stärke anrühren. Die angerührte Stärke nun in die kochende Flüssigkeit geben und unter ständigem Rühren 1 Minute sprudelnd kochen. Die Kirschen hinzugeben und auskühlen lassen. 8 Kirschen für die Dekoration beiseitelegen.

Sahne
Die Gelatine in kaltem Wasser 5 Minuten lang einweichen. Den Zucker zusammen mit dem Kirschwasser langsam erhitzen, sodass sich der Zucker auflöst. Vom Herd nehmen und die ausgedrückte Gelatine hinzugeben. Die kalte Sahne in einer Küchenmaschine steif schlagen. Etwas Sahne in die Flüssigkeit geben und angleichen. Dann zügig die restliche Sahne unterheben.

Zusammenbau der Torte
Den untersten Biskuitboden auf eine Tortenplatte geben und die Kirschen darauf verteilen. Circa ein Viertel der Sahne darauf verteilen, den nächsten Biskuitboden darauflegen und leicht andrücken. Nun ein weiteres Viertel der Sahne darauf verteilen. Den verbleibenden Biskuitboden darauflegen und ebenfalls leicht andrücken. Die so entstandene Torte nun mit der restlichen Sahne einstreichen und 1 Stunde kalt stellen.

Zum Garnieren die Sahne steif schlagen und mithilfe eines Spritzbeutels und einer Sterntülle auf die Torte dressieren. Die aufbewahrten Kirschen halbieren und darauflegen. Die gehobelte Schokolade auf die Torte geben.

LINZERTORTE

ERGIBT 1 KLEINE ALU-FORM, Ø:22 ZENTIMETER, HÖHE: 3 ZENTIMETER

- 100 g Butter
- 100 g Zucker
- 1 Ei
- 1 TL Nelken
- 1 TL Lebkuchengewürz
- ½ TL Zimt
- 1 cl Kirschwasser
- ½ EL Öl
- 20 g gemahlene Mandeln
- 80 g gemahlene Wal- und Haselnüsse
- 100 g Mehl
- 1 TL Kakao
- 1 TL Backpulver
- 1 Eigelb zum Bestreichen
- 150 g Marmelade (Himbeere und Johannisbeere)

ZUBEREITUNGSZEIT: 1 ½ STUNDEN

Butter, Zucker, Ei, Gewürze, Schnaps und Öl zu einer glatten Masse vermengen. Die emahlenen Mandeln, gemahlenen Nüsse, Mehl, Kakao und Backpulver vermengen und hinzugeben. Kurz verkneten, sodass ein schöner Teig entsteht. Den Teig für 30 Minuten kalt stellen.

Nun den Teig auf eine mit Mehl bestäubte Fläche geben und in zwei Teile teilen. Ein Teil – 130 Gramm – ist für das spätere Gitter, die restlichen 310 Gramm sind für den Boden und den Rand.

Den Teig für das Gitter möglichst gleichmäßig ausrollen, im Abstand von je 2 Zentimetern den Teig mit einem Teigrad in Streifen teilen. Die Teigstreifen mithilfe einer Palette auf ein kleines Blech geben und dünn mit Eigelb bepinseln. Diese jetzt einfrieren, so ist es einfacher, später ein schönes Gitter zu bekommen.

Den Boden circa 1,5 Zentimeter dick ausrollen, die Backform darauflegen, und mit einem Messer rundherum schneiden. Diesen nun passgenauen Boden in eine gefettete Backform geben. Den Rest des Teiges zu einer circa 53 Zentimeter langen Rolle rollen. Diese ergibt den Rand. Die Rolle nun abschließend am Rand der Kuchenform auslegen und mithilfe einer Gabel leicht andrücken. So bekommt der Rand eine schöne Form. Den Rand mit etwas Eigelb bepinseln.

Die Marmelade auf den Boden geben und vorsichtig verteilen.

Nun die Gitterstreifen aus dem Tiefkühler holen und rautenförmig auf die Marmelade legen. Hierbei ist es nicht schlimm, dass die Teigstreifen größer als die Form sind. Die Teigstreifen circa 5–10 Minuten auftauen lassen und am inneren Rand der Torte abschneiden, sodass die Teigstreifen mit dem Rand bündig abschließen.

Nun für circa 33 Minuten bei 155 °C Umluft oder 175 °C Ober- und Unterhitze backen.

DIE KÄSEREI

IM SPIELWEG

MIT RUHE UND GEDULD

Alles begann damit, dass mein Vater vor 25 Jahren auf einem Jagdausflug im Kleinwalsertal einen sympathischen Käser und eine tolle Käserei kennenlernte. Diese Begegnung hat so nachhaltig gewirkt, dass gleich anschließend im Spielweg eine eigene kleine Käserei entstand. Damals bezogen alle Gastronomen ihren Käse noch aus dem nahen Frankreich, aber mein Vater interessierte sich für Regionalität und hatte, lange bevor es Trend wurde, deren Vorteile für sich entdeckt. Bis heute haben wir die Käserei bewahrt. Als festen Bestandteil unserer Küche binden wir unsere eigenen Käseprodukte in viele Gerichte ein.

Die Schwarzwälder Milch kommt von dem 1000 Meter hoch gelegenen Drehbachhof, wo Hinterwälder Rinder und Fleckvieh artgerecht leben und viel frisches Gras bekommen.

Wir produzieren unseren eigenen Bergkäse, außerdem den Obermünstertäler Weichkäse und den Ricotta-Frischkäse, mit dem wir zum Beispiel unsere Raviolis befüllen.

Die Reifung findet in einem eigenen Naturkeller statt und beträgt zwischen 4 Wochen für den Obermünstertäler und 6 bis 8 Monaten für den Spielweger Bergkäse.

Die Arbeit braucht nicht nur große Kenntnisse, sondern auch Ruhe und Geduld. Deshalb sind mein Vater und Käser Franz nach wie vor für die Käserei zuständig, nun aber mit Johannes an der Seite, der mit Bedacht die Käselaibe schmiert. Übrigens: Die Molke ist ein perfektes Beauty-Produkt für die Haut!

WILD-EXKURS

GEWICHT:
3–4 Kilogramm, je nach Alter

SCHULTERHÖHE:
ca. 75 Zentimeter

Der Feldhase ist ein heimisches Säugetier, das auf offenen und halb offenen Flächen und nicht im Wald heimisch ist. Sein Fleisch gilt als Delikatesse, denn es hat einen ganz eigenen, unverwechselbaren Geschmack, der allerdings denen, die es nicht gewohnt sind, manchmal Probleme macht.

Das Wildbret junger Hasen ist von intensiv hellroter Farbe und qualitativ hochwertiger als das Fleisch älterer Tiere. Hasen sind reine Pflanzenfresser und ernähren sich hauptsächlich von hochwertigen Kräutern, Pilzen und Wurzeln. Das männliche Tier wird als Rammler bezeichnet, das weibliche als Zibbe oder Häsin.

PAARUNG/BRUNFTZEIT:
Januar bis Juli

JAGDZEIT:
Anfang Oktober bis Mitte Januar

HASE

1.
2.
3.

IN DER KÜCHE

Das zarte Fleisch junger Hasen wird sehr oft zum Kurzbraten verwendet. Rücken sowie Keule können hier vom Knochen gelöst oder im Ganzen verarbeitet werden. Ältere Tiere werden hingegen in Stücke geschnitten und eher für Schmorgerichte, Hasenpfeffer (ein Ragout), Farcen oder Pasteten verwendet.

1. RÜCKEN:
Als Braten besonders beliebt, am besten rosa.

2. KEULEN:
Geschmort oder im Ragout.

3. HASENBRUST UND INNEREIEN (HASENKLEIN):
Geschmort oder in Pasteten.

DIE SPIELWEG Speisekammer

AB ANS EINGEMACHTE

Die Spielweg'sche Speisekammer ist eine ganz eigene Welt. Sie steht nicht nur für die optimale Nutzung all unserer Ressourcen, sondern ist auch Ausdruck unserer persönlichen Vorlieben. So habe ich mich unter anderem auf die Herstellung von Marmeladen, Schwarzen Nüssen und Likören gestürzt, während Johannes Schinken, Brot und Käse produziert.

So finden viele unserer Lieblingszutaten einen festen Platz in unseren Kellerregalen, ob in Form von Quittengelees, einem Rumtopf, gepickeltem Kürbis oder eingelegten Bärlauchkapern …

APFELKOMPOTT MIT SCHWARZEM PFEFFER

ERGIBT 600 ML

- › 5 Äpfel
- › 3 EL Zucker
- › 200 ml Weißwein
- › 1 l Apfelsaft
- › 1 EL Mélange Noir (Pfeffermischung)
- › 1 Prise Salz
- › 2 EL Saucenbinder, (z. B. Mondamin)

ZUBEREITUNGSZEIT: 35 MINUTEN

Die Äpfel schälen und in Ecken schneiden. Den Zucker in einem kleinen Topf karamellisieren lassen. Mit Weißwein ablöschen und einkochen lassen, mit Apfelsaft auffüllen. Die Äpfel hinzugeben und mit dem Pfeffer und 1 Prise Salz würzen.

Alles zusammen kurz aufkochen lassen, mit etwas Mondamin abbinden, in ein Einmachglas geben und sofort fest verschließen.

Das Apfelkompott ist nun im Kühlschrank für circa 3 Wochen haltbar.

Wer das Kompott gern länger haltbar machen möchte, der sollte das Glas bei 100 °C für 30 Minuten im Dampfgarer garen.

VIKIS BRATAPFELLIKÖR

ERGIBT 1 LITER

- › 700 g säuerliche Äpfel (z. B. Elstar)
- › 2 Zimtstangen
- › 1 EL Zucker
- › 1 unbehandelte Orange
- › 1 Vanilleschote
- › 150 g brauner Kandiszucker
- › 700 ml Wodka
- › 300 ml brauner Rum

ZUBEREITUNGSZEIT: 4 WOCHEN ZIEHZEIT

Äpfel waschen, vierteln und vom Kerngehäuse befreien. Die Apfelspalten nun zusammen mit den Zimtstangen in eine Auflaufform geben, mit Zucker bestreuen und im vorgeheizten Backofen bei 180 °C circa 15 Minuten garen (die Äpfel sollen nicht zerfallen).

Die Orange waschen und in Scheiben schneiden. Die Vanilleschote längs halbieren und das Mark mit der Messerspitze herauskratzen. Die abgekühlten Äpfel zusammen mit der Vanille, den Orangenscheiben und dem braunen Kandis in ein Einmachglas geben. Mit Wodka und Rum auffüllen. Das Glas fest verschließen und täglich wenden, bis der Kandis sich vollständig aufgelöst hat.

Das Ganze gut 4 Wochen ziehen lassen.

Nach Ablauf der Zeit den fertigen Likör durch ein feines Sieb geben und in eine Flasche abfüllen.

GEPICKELTES GEMÜSE MIT KNOBLAUCH UND HONIGESSIG

ERGIBT 750 ML

- 1 Fenchel
- ½ Staudensellerie
- 100 g Bohnen
- ½ Kopf Blumenkohl
- 2 Knoblauchzehen

PICKELFOND

- 500 ml Wasser
- 125 ml Apfelessig
- 125 ml Melfor-Essig
- 2 EL Salz
- 2 EL Rohrzucker

ZUBEREITUNGSZEIT:
30 MINUTEN

Das Gemüse waschen, Strunk des Blumenkohls entfernen und alles klein schneiden. Den Knoblauch schälen.

Für den Pickelfond alle Zutaten in einen Topf geben und erhitzen. Das geschnittene Gemüse und den Knoblauch hinzugeben und aufkochen lassen. Alles zusammen in ein Einmachglas geben und fest verschließen.

Das Glas nun im Kühlschrank 4–6 Wochen ziehen lassen. Im Kühlschrank ist das Glas circa 12 Monate haltbar.

Wer sein gepickeltes Gemüse gern länger haltbar machen möchte, der sollte das Glas bei 100 °C für 30 Minuten im Dampfgarer garen.

EINGEMACHTE BÄRLAUCHKAPERN

ERGIBT 220 GRAMM

- 60 g Bärlauchkapern (ganz geschlossene Knospen)
- 60 g grobes Meersalz

PICKELFOND

- 100 ml Wasser
- 100 ml Weißweinessig
- 1 EL brauner Zucker

ZUBEREITUNGSZEIT:
15 MINUTEN + 3 WOCHEN ZIEHZEIT

Die Bärlauchkapern entstielen, waschen, auf einem Küchentuch abtropfen lassen, in eine Schüssel geben und mit dem Salz vermengen. In ein Einmachglas geben und 3 Wochen an einem kühlen, dunklen Ort ziehen lassen.

Nach Ablauf der 3 Wochen die Kapern auf ein Sieb geben und das Salz vollständig abwaschen.

Wasser, Essig und Zucker zusammen in einen Topf geben und aufkochen lassen. Die Bärlauchkapern in ein sauberes Einmachglas geben, den (kalten) Sud dazugeben, sodass Sie vollständig bedeckt sind.

Info
Bärlauchkapern kann man Ende April sammeln.

HIMBEERMARMELADE

FÜR CA. 4 GLÄSER

- 1 kg reife Himbeeren
- 500 g Gelierzucker (2 : 1)
- Saft von 1 Zitrone

ZUBEREITUNGSZEIT: 15 MINUTEN

Die Himbeeren mit dem Zucker in einen großen Topf geben. Die Zitrone auspressen und den Saft zu den Himbeeren in den Topf geben, abgedeckt circa 1 Stunde ziehen lassen. Den Topf auf den Herd stellen und unter ständigem Rühren aufkochen. 4 Minuten lang sprudelnd kochen lassen. Den Topf vom Herd nehmen, die Marmelade gegebenenfalls abschäumen, heiß in Einmachgläser füllen und sofort verschließen.

Die Gläser für 5 Minuten auf den Kopf stellen, danach umdrehen und auskühlen lassen.

Info
Dieses Rezept funktioniert auch mit anderen Früchten, je nach Saison.

RUMTOPF

FÜR 1 GROSSEN KERAMIKTOPF

- 1 kg Früchte (z. B. Erdbeeren, Brombeeren, Kirschen, Stachelbeeren, Blaubeeren, Pflaumen)
- 300 g Zucker
- weißer Rum (mindestens 54 % Alkohol)

ZUBEREITUNGSZEIT: 20 MINUTEN

Die Früchte waschen, trocken tupfen, gegebenenfalls vom Stiel zupfen (Steinobst entsteinen) und zusammen mit dem Zucker in ein ausreichend großes, schlankes Gefäß geben. Sehr gut eignet sich ein Keramiktopf. Mit Rum bedecken, vorsichtig verrühren und verschlossen an einem dunklen, kühlen Ort lagern. Alle 1–2 Wochen umrühren.

Je nach Saison können weitere Früchte hinzugegeben werden. Hierbei das Verhältnis von Zucker, Rum und Früchten wie oben beschrieben beachten.

GEPICKELTER KÜRBIS

FÜR CA. 4 GLÄSER

- 1 Hokkaidokürbis
- 1 Zwiebel
- 150 ml Wasser
- 150 ml Weißweinessig
- 150 g Zucker

ZUBEREITUNGSZEIT:
15 MINUTEN

Den Kürbis waschen, halbieren, das Kerngehäuse entfernen und in Würfel schneiden. Die Zwiebel schälen und ebenfalls würfeln. Für den Pickelfond Wasser mit Essig und Zucker in einem Topf erhitzen. Die Zwiebeln und den Kürbis hinzugeben und aufkochen. Alles zusammen in ein Einmachglas geben und sofort fest verschließen.

Der Kürbis ist nun im Kühlschrank für 12 Monate haltbar. Wer es gern länger haltbar machen möchte, der sollte das Glas bei 100 °C für 30 Minuten im Dampfgarer garen.

EINGELEGTE LINDENBLÄTTER

FÜR 2 GLÄSER

- 2 Handvoll junge Lindenblätter (frisch gepflückt, Anfang Mai)
- 250 ml Wasser
- 250 ml Weißweinessig
- 6 EL Zucker
- 1 TL Salz
- 1 TL weiße Pfefferkörner

ZUBEREITUNGSZEIT:
30 MINUTEN

Die frisch gepflückten Blätter waschen, trocken schütteln und in ein Einmachglas geben.

Wasser, Essig, Zucker, Salz und Pfefferkörner zusammen aufkochen und heiß über die Lindenblätter in das Einmachglas geben. Den Deckel sofort verschließen. Circa 10 Wochen an einem kühlen, dunklen Ort lagern.

Tipp
Die eingelegten Lindenblätter lassen sich als kleine Snacks gut mit verschiedensten Köstlichkeiten füllen, zum Beispiel mit Ricotta, Ziegenkäse oder Reis.

Info
Die Lindenblätter kann man Anfang Mai frisch pflücken.

QUITTENGELEE

FÜR CA. 4 GLÄSER

- 2 kg Quitten
- Saft von 1 Zitrone
- 500 g Gelierzucker (2 : 1)

ZUBEREITUNGSZEIT: 15 MINUTEN

Die Quitten waschen und vierteln. In einen großen Topf geben, mit Wasser bedecken und circa 1 Stunde köcheln lassen, bis die Quitten weich sind. Die gegarten Quitten durch ein Tuch absieben. Den Quittenfond mit etwas Zitronensaft abschmecken.

In einem Messbecher 1 Liter Quittenfond abmessen und zusammen mit dem Gelierzucker in einen Topf geben. Bei starker Hitze und unter ständigem Rühren zum Kochen bringen. 4 Minuten sprudelnd kochen lassen. Den Topf vom Herd nehmen, das Gelee in Einmachgläser füllen, gut verschließen und die Gläser für 10 Minuten auf den Kopf stellen, dann umdrehen und abkühlen lassen.

QUITTENLIKÖR

FÜR 1 GROSSE FLASCHE

- 2 kg Quitten
- Saft von 1 Zitrone
- 400 g Zucker
- 300 ml Wodka
- 300 ml brauner Rum

ZUBEREITUNGSZEIT: 2 STUNDEN

Die Quitten waschen und vierteln. In einen großen Topf geben, mit Wasser bedecken und circa 1 Stunde köcheln lassen, bis die Quitten weich sind. Die gegarten Quitten durch ein Tuch absieben. Den Quittenfond mit etwas Zitronensaft abschmecken.

Den Quittenfond mit dem Zucker aufkochen, vom Herd nehmen, Wodka und Rum hinzugeben und gegebenenfalls noch einmal mit etwas mehr Zitronensaft und Zucker abschmecken. In Flaschen abfüllen und kalt stellen.

KALT GERÜHRTE PREISELBEEREN

FÜR 2 GLÄSER

- 500 g frische Preiselbeeren
- 250 g Zucker

ZUBEREITUNGSZEIT: 40 MINUTEN

Preiselbeeren zusammen mit dem Zucker in einer Küchenmaschine auf niedrigster Stufe so lange kneten, bis sich der Zucker gelöst hat und eine homogene Masse entstanden ist. Dies dauert circa 20–30 Minuten. In Gläser abfüllen.

Die kalt gerührten Preiselbeeren halten sich im Kühlschrank bei ungeöffnetem Glas auch mehrere Monate.

SCHWARZE NÜSSE

FÜR 1 GROSSES GLAS

- 1 kg grüne Walnüsse
- 1,25 kg Zucker
- 2 Sternanis
- 1 Nelke
- 1 TL Salz

EINLAGERUNGSZEIT: MIND. 3 WOCHEN

Die Walnüsse mit einer Nadel jeweils mehrfach einstechen. Man tut sich damit leichter, wenn man die Nadel vorher in einen Sektkorken einsticht.

Wer größere Mengen macht, kann auch die Seiten der Nüsse abschneiden, dies geht etwas schneller, man hat dadurch aber Verlust.

Die Nüsse in einen großen Eimer geben, mit Wasser bedecken und 2 Wochen lang an einem kühlen Ort stehen lassen. Jeden Tag das Wasser wechseln. Die Nüsse färben sich mit der Zeit von grün zu schwarz.

Die Nüsse aus dem Wasser holen und gründlich abwaschen. In einen Topf geben, mit Wasser bedecken und aufkochen lassen. Die Nüsse absieben und in einen Eimer geben.

Zucker und Wasser zu gleichen Teilen aufkochen, Sternanis, Nelke und Salz hinzugeben. Die Flüssigkeit heiß über die Nüsse geben. 1–2 Tage an einem kühlen Ort stehen lassen. Nun die Nüsse abseihen, hierbei die Flüssigkeit auffangen.

Die Flüssigkeit abschmecken und gegebenenfalls mit 100–300 Gramm Zucker und etwas Salz erneut abschmecken. Die Flüssigkeit aufkochen und die Nüsse hinzugeben. Erneut für 1–2 Tage kalt stellen.

Nun die Nüsse abseihen, die Flüssigkeit auffangen und aufkochen. Wenn die Flüssigkeit kocht, die Nüsse hinzugeben und für circa 10 Minuten mitkochen.

Die Nüsse zusammen mit dem Sirup in Einmachgläser geben und im Wasserbad oder Dampfgarer sterilisieren. Die Gläser kalt stellen und 6 Monate lang ziehen lassen.

Info
Die grünen Walnüsse erntet man Ende Juni vor dem Johannistag, da sich die innere Schale der Nüsse sonst schon gebildet hat.

GRUNDREZEPTE

BROTTEIG

FÜR 1 BROTLAIB

ANSTELLGUT
- 250 ml lauwarmes Wasser
- 250 g Roggenmehl

BROTTEIG
- 160 g Roggenmehl
- 160 ml Wasser
- 100 g Anstellgut
- 65 g Semmelbrösel (aus altem Brot geröstet, vom Bäcker)
- 130 ml kochendes Wasser
- 70 g gekochte Kartoffeln
- 160 g Roggenmehl (Type 1370)
- 160 g Weizen-Ruchmehl (Type 1600)
- 100 g Weizenmehl (Type 812)
- 120 ml lauwarmes Wasser
- 20 g frische Hefe
- 15 g Salz
- 1 TL Honig
- je 1 Messerspitze Koriander, Fenchel, Kümmel

BACKZEIT:
230 °C (UMLUFT) 10 MIN., DANACH BEI 190 °C WEITERE 20 MIN., DANACH BEI 150 °C WEITERE 30 MIN.

Anstellgut
50 Milliliter lauwarmes Wasser und 50 Gramm Mehl vermengen und abgedeckt an einem warmen Ort 24 Stunden stehen lassen.

Jeden weiteren Tag 50 Milliliter lauwarmes Wasser und 50 Gramm Mehl hinzugeben, verrühren und wieder 24 Stunden stehen lassen. Diesen Vorgang 5 Tage wiederholen. Dann ist das Anstellgut »versäuert« und bereit zur Verarbeitung.

Brotteig
Am Vortag 160 Gramm Roggenmehl zusammen mit 160 Milliliter Wasser und dem Anstellgut vermengen und abgedeckt an einem warmen Ort ruhen lassen.

130 Milliliter Wasser aufkochen und mit den Semmelbröseln vermischen. Ebenfalls abgedeckt an einem warmen Ort ruhen lassen.

Die vorgekochten Kartoffeln pressen.

Am Backtag alle Zutaten zu einem Teig vermischen, 5 Minuten langsam, danach 5 Minuten schnell kneten. Der fertige Teig sollte sich leicht vom Rand der Schüssel lösen, jedoch unten etwas klebrig sein.

Den fertigen Teig abgedeckt an einem warmen Ort gehen lassen, bis er das doppelte Volumen erreicht hat.

Nun kann er verarbeitet werden.

GNOCCHI

FÜR 4 PERSONEN

- 500 g Pellkartoffeln vom Vortag
- 150 g Weizenmehl
- 1 Ei
- 1 Eigelb
- Salz
- Pfeffer
- Muskatnuss
- Weizenmehl zum Bearbeiten
- 1 TL gehackten Thymian
- 1 TL gehackten Rosmarin
- 2 EL Butter

ZUBEREITUNGSZEIT: 30 BIS 40 MINUTEN + KOCHZEIT FÜR DIE KARTOFFELN

Für die Gnocchi die Kartoffeln schälen und durch eine Kartoffelpresse drücken.

Mit Mahl, Ei und Eigelb zu einem geschmeidigen Teig verarbeiten. Mit Salz, Pfeffer und frisch geriebener Muskatnuss würzen. Die gehackten Kräuter dazugeben.

Auf einer mit Mehl bestäubten Arbeitsfläche zu gleichmäßigen Strängen rollen und mit einer Teigkarte in gleich große Stücke teilen.

Die Teile in der Hand zu einer Kugel formen und sie dann mit Hilfe eines Gnocchi-Bretts abdrehen.

Wer keine Gnocchi-Brett hat, nimmt eine Gabel und drückt von oben einmal vorsichtig in die Kugel rein

Die fertigen Gnocchi in reichlich kochendem Salzwasser ca. 5 Minuten garen, bis sie an die Oberfläche steigen. Mit einer Schaumkelle herausnehmen, in Eiswasser abschrecken und gut abtropfen lassen.

Die abgetropften Gnocchi in aufgeschäumter Butter kurz anbraten, leicht salzen und sofort servieren.

NUDELTEIG

FÜR 4 PERSONEN

- 300 g Semola Nudelgrieß (Hartweizengrieß)
- 200 g Farina-Nudelmehl (Type 00)
- 5 Eier
- 2 EL Olivenöl
- Salz

ZUBEREITUNGSZEIT: 25 MINUTEN + ZIEHZEIT

Alle Zutaten zu einem glatten Teig vermengen. In Folie einwickeln und mindestens 30 Minuten ruhen lassen.

SPÄTZLE

FÜR 4 PERSONEN

- 200 g Spätzle-Mehl (Type 405)
- 50 ml Mineralwasser
- 3 Eier
- Salz
- frisch geriebene Muskatnuss
- 40 g Butter

ZUBEREITUNGSZEIT:
25 MINUTEN

Spätzle-Mehl, Mineralwasser, Eier, etwas Salz und 1 Prise frisch geriebene Muskatnuss zu einem glatten Teig verrühren. Dann den Teig so lange mit einem Kochlöffel schlagen, bis er Blasen wirft.

Reichlich Salzwasser in einem Topf zum Kochen bringen. Den Teig portionsweise auf ein Spätzle-Brett streichen, in das kochende Wasser schaben und je nach Größe circa 2–3 Minuten garen. Die Spätzle sind fertig, wenn sie an die Wasseroberfläche steigen.

Mit einer Schaumkelle herausnehmen, in Eiswasser abschrecken und gut abtropfen lassen, sonst kleben sie später in der Pfanne.

Butter in einer Pfanne zum Schmelzen bringen und die Spätzle darin heiß schwenken.

Mit Salz und frisch geriebener Muskatnuss abschmecken.

SCHUPFNUDELN

FÜR 4 PERSONEN

- 500 g Pellkartoffeln vom Vortag
- 150 g Weizenmehl
- 1 Ei
- 1 Eigelb
- Salz
- frisch gemahlener schwarzer Pfeffer
- frisch geriebene Muskatnuss
- Weizenmehl zum Bearbeiten
- 2 EL Butter

ZUBEREITUNGSZEIT:
1 STUNDE

Für die Schupfnudeln die Kartoffeln schälen und durch eine Kartoffelpresse drücken. Mit Mehl, Ei und Eigelb zu einem geschmeidigen Teig verarbeiten. Mit Salz, Pfeffer und frisch geriebener Muskatnuss würzen.

Auf einer mit Mehl bestäubten Arbeitsfläche zu gleichmäßigen Strängen rollen und mit einer Teigkarte in gleich große Stücke teilen.

Die Stücke »schupfen«, das heißt: zwischen den Handinnenflächen rollen.

Die fertigen Schupfnudeln in reichlich kochendem Salzwasser circa 5 Minuten garen, bis sie an die Oberfläche steigen. Mit einer Schaumkelle herausnehmen, in Eiswasser abschrecken und gut abtropfen lassen.

Die abgetropften Schupfnudeln in aufgeschäumter Butter kurz anbraten, leicht salzen und sofort servieren.

GEMÜSEFOND

FÜR 2,5 LITER

- 1 Zwiebel
- 1 kleiner Knollensellerie
- 2 Karotten
- 1 Stange Lauch
- 5 Kräuterstängel (Petersilie, Kerbel, Liebstöckel)
- 2 Lorbeerblätter
- 1 TL Salz
- 3 l Wasser

ZUBEREITUNGSZEIT: 1 STUNDE

Das Gemüse waschen, grob schneiden und in einen Topf geben. Mit 3 Liter kaltem Wasser auffüllen und gut eine Stunde lang köcheln lassen. Den Fond durch ein feines Sieb passieren. Durch Einkochen und Passieren reduziert sich die Menge auf ca. 2,5 Liter.

Da die Brühe zur weiteren Verarbeitung anderer Rezepte gebraucht wird, gebe ich hier nur etwas Salz hinzu, damit sie nicht zu kräftig schmeckt.

WILDBRÜHE

FÜR 5 LITER

- 5 kg Wildknochen und Fleischreste
- 2 große Zwiebeln
- 800 g gewürfeltes Wurzelgemüse
- 5 Kräuterstängel (z. B. Petersilie)
- 2 Lorbeerblätter
- 10 Pfefferkörner
- 2 Nelken
- 8 Wacholderbeeren
- 1 TL Senfkörner
- Salz

ZUBEREITUNGSZEIT: 3 STUNDEN

Die Wildknochen und Fleischreste klein hacken. Zwiebeln halbieren und die Schnittfläche in einer Pfanne ohne Fett dunkel bräunen; das gibt der Brühe eine schöne Bernsteinfarbe.

Die Knochen in kochendem Wasser circa 5 Minuten blanchieren, herausnehmen und abwaschen.

Die Knochen gut bedeckt in kaltem Wasser (5 Liter) aufsetzen. Das Wurzelgemüse, die Zwiebeln, die Kräuter und die Gewürze mit 1 Prise Salz zugeben.

Die Brühe langsam erhitzen und mindestens 2 ½ Stunden köcheln lassen; nur dann geben die Knochen den Geschmack und das Kollagen (Gelatine) an die Brühe ab. Wenn sich an der Oberfläche Schaum bildet, diesen nicht abschöpfen; Der Schaum besteht aus Eiweiß, das die Trübstoffe in der kochenden Brühe bindet.

Nach dem Kochen durch ein feines Sieb oder ein Tuch passieren.

WILDFOND

FÜR 1,5 LITER

- 5 kg klein gehackte Wildknochen und Fleischreste
- 5 EL Sonnenblumenöl
- 1 kg gewürfeltes Wurzelgemüse
- 5 EL Tomatenmark
- 1 l Rotwein
- 3 Knoblauchzehen
- 10 Lorbeerblätter
- 5 Nelken
- 20 Wacholderbeeren
- 5 Stängel Petersilie

ZUBEREITUNGSZEIT: 3 STUNDEN

Die Knochen und Fleischreste in einem großen Bräter in etwas Sonnenblumenöl anbraten. Wenn sie gut gebräunt sind, das Wurzelgemüse dazugeben und rösten. Nach 10 Minuten das Tomatenmark zugeben und mitrösten. Mit dem Rotwein ablöschen. Knoblauchzehen zerdrücken und mit den Gewürzen zugeben. Mit so viel Wasser auffüllen, dass die Knochen gut bedeckt sind. Mindestens 3 Stunden köcheln lassen.

Den Fond mit den Knochen auskühlen lassen, damit das enthaltene Kollagen (Gelatine) aus den Knochen in den Fond übergeht. Passieren, kalt stellen und das kalte Fett von der Oberfläche entfernen.

WILDGEFLÜGELFOND

FÜR 2,5 LITER

- 4 kg Wildgeflügel-Karkassen, Abschnitte, Flügel etc. (Fasan, Ente, Gans)
- 2 EL Sonnenblumenöl
- 3 Karotten
- ¼ Knollensellerie
- 1 Stange Lauch
- 2 große Zwiebeln
- 5 Stängel Petersilie
- 2 Lorbeerblätter
- 8 Pfefferkörner
- 3 Nelken
- 5 Wacholderbeeren
- Salz

ZUBEREITUNGSZEIT: 3 – 4 STUNDEN

Den Backofen auf 200 °C vorheizen.

Die Karkassen, Abschnitte, Flügel und so weiter in gleichmäßige Stücke hacken und in einem Bräter mit Sonnenblumenöl im Ofen circa 15 Minuten leicht rösten.

Die Karotten und den Sellerie putzen, schälen und in Würfel schneiden. Den Lauch putzen, waschen, längs halbieren und in Stücke schneiden. Die Zwiebeln halbieren und die Schnittfläche in einer gusseisernen Pfanne 2–3 Minuten sehr dunkel bräunen; das verleiht der Suppe eine schöne Bernsteinfarbe.

Den Bräter wieder auf den Herd stellen und mit kaltem Wasser auffüllen. Wurzelgemüse, Kräuter und Gewürze, Zwiebeln und Salz zugeben.

Die Brühe langsam erwärmen und mindestens 2 ¼ Stunden köcheln lassen; nur dann geben die Knochen den Geschmack an die Brühe ab. Wenn sich an der Oberfläche Schaum bildet, diesen nicht abschöpfen; der Schaum besteht aus Eiweiß, das die Trübstoffe in der kochenden Brühe bindet. Erst nach circa 1 ½ Stunden kann die Brühe abgeschäumt werden. Nach dem Kochen durch ein feines Sieb oder ein Tuch passieren. Je nach Geschmack kann der Fond noch einreduziert werden.

WILDJUS

FÜR 1 LITER

- 5 Schalotten
- 2 rote Zwiebeln
- 3 EL Sonnenblumenöl
- 500 ml Rotwein
- 125 ml Portwein
- 2 l Wildfond (siehe Seite 226)
- 5 Wacholderbeeren
- 3 Lorbeerblätter
- 1 Zweig Thymian
- 1 Zweig Rosmarin
- 4 cl Gin
- etwas Speisestärke

ZUBEREITUNGSZEIT: 1–2 STUNDEN

Die Schalotten und Zwiebeln schälen, fein würfeln und in einem großen Topf in Öl anschwitzen. Rotwein und Portwein zugießen und vollständig reduzieren. Mit Wildfond auffüllen und auf die Hälfte reduzieren. Kurz vor Schluss mit Wacholderbeeren, Lorbeer, Thymian, Rosmarin und etwas Gin abschmecken. Anschließend passieren und wenn nötig mit etwas Speisestärke abbinden.

WILDSCHWEINCOPPA

FÜR 1 LITER

- 2 – 3 kg kerniger Wildschweinnacken
- ½ TL Fenchelsaat
- ½ TL Wacholderbeeren
- 1 TL weiße Pfefferkörner
- 3 Nelken
- 2 TL Koriandersaat
- 2 Sternanis
- ½ TL frisch gemahlener weißer Pfeffer
- 5 g Zucker
- 19 g Salz
- 19 g Pökelsalz
- 1 Knoblauchzehe
- 1 Zweig Rosmarin

Den Wildschweinnacken von Knorpeln befreien.

Die Gewürze in einer Pfanne ohne Fett bei mittlerer Hitze langsam rösten lassen. In einen Mörser geben und zusammen mit Zucker, Salz und Pökelsalz mörsern.

Den Wildschweinnacken in ein tiefes Gefäß geben und mit der Gewürzmischung rundherum gut einreiben. Den Schweinenacken mit der Gewürzmischung und dem Knoblauch sowie Rosmarin in einen Vakuumierbeutel geben und vakuumieren. 3 Wochen an einem kühlen Ort lagern. Dabei mehrmals wenden.

Das Fleisch aus dem Vakuumbeutel nehmen, mit kaltem Wasser bedecken und 2 Stunden wässern.

Das Fleisch abwaschen, trocken tupfen, auf ein Gitter legen und in einem Reifeschrank circa 10 Wochen reifen und trocknen lassen.

WILD-EINKAUF

WIE UND WO?

Gutes Wildfleisch bekommt man nicht überall, das ist klar. Wer einen Jäger kennt, hat schon mal die beste Anlaufstelle für den Einkauf, denn hier sind Frische und Qualität garantiert und die richtige Beratung bekommt man gleich dazu. Noch besser bedient sind diejenigen, die über eine große Kühltruhe verfügen, denn dann lohnt es sich, gleich ein ganzes (in Teilstücke zerlegtes) Reh zu kaufen und einzufrieren.

Ansonsten gilt wie bei jedem Einkauf von hochwertigem Fleisch, sich an den Metzger des Vertrauens zu halten.

Eine gute Adresse ist auch die Website des Landesjagdverbands, auf der man auf einer Deutschlandkarte übersichtlich dargestellt eine Auflistung aller Regionen mit ihren Jägern findet. Außerdem erhält man dort viele weitere wichtige Informationen. **Siehe www.landesjagdverband.de**

Und ja, auch in gut sortierten Supermärkten findet man immer häufiger ein Wild-Sortiment. Ganz unabhängig von der Bezugsquelle gelten aber immer die gleichen Kriterien für den Qualitätscheck beim Einkauf.

Regionalität ist wichtig. Es muss deklariert sein, woher das Wild kommt. Und natürlich ist Haltbarkeit entscheidend, denn Wild hat im Gegensatz zu Rind oder Kalb eher eine niedrigere Lagerfähigkeit und dementsprechend auch nur ein verkürztes Mindesthaltbarkeitsdatum.

Wenn man nichts anderes bekommt, kann man auch sehr gut auf Tiefkühl-Wild ausweichen. Das bietet sich vor allem auch deshalb an, da man so unabhängig von der Jagdsaison kochen kann. In den Schonzeiten bietet Tiefkühlware eine gute Alternative. Wichtig ist hier nur, dass das gefrorene Wild langsam und bitte immer im Kühlschrank aufgetaut werden muss, am besten auf einem Gitter, damit überschüssiges Wasser sofort abtropfen kann und das Fleisch nicht in der Tauflüssigkeit liegt.

VIKTORIA FUCHS

- **2008:** Kochlehre im Restaurant Hirschen bei Douce Steiner, Sulzburg
- **2010:** Restaurant Hirschen (Chef Gardemanger), Sulzburg
- **2011:** Restaurant Le Canard (Commis de Cuisine) bei Ali Güngörmüs, Hamburg
- **2012:** Restaurant Landhaus St. Urban (Chef Entremetier & Commis Saucier) bei Harald Rüssel, Naurath/Wald
- **2014:** Restaurant Luce d'Oro (Demi Chef & Chef Gardemanger) bei Mario Paecke auf Schloss Elmau
- **2015:** Romantik Hotel & Restaurant Spielweg (Chefköchin und Inhaberin), Münstertal – www.spielweg.com und www.viktoriafuchs.de
- **Seit 2018:** Mitglied bei den Jeunes Restaurateurs

VIVI D'ANGELO

- Bachelor in Journalismus und neue Medien sowie Master in Technology-Enhanced Communication for Cultural Heritage, Università della Svizzera italiana
- **Seit 2011** freie Fotografin im Bereich Food, unter anderem für Food-Magazine *(Der Feinschmecker, Effilee, Food & Farm)* und diverse Kochbücher
- Preisträgerin des Food Feature Award im Rahmen des Foodphoto Festivals im dänischen Vejle
- **2020:** Gewinnerin des dritten Platzes des renommierten Pink Lady Photography Award in der Kategorie »Food in Action«

ANTONIA WIEN

- Studium Historische und Systematische Musikwissenschaft und Literatur (M.A.)
- **Bis 2017** Verlegerin von *Hamburg Genießen von 7bis7*
- **Seit 2005** freie Food-Journalistin und Kolumnistin (unter anderem *Der Feinschmecker, Foodie, Gourmet Traveller*)
- Kochbuchautorin
- **Seit 2020** Geschäftsführerin agentsgroup GmbH

DANKE!

Dieses Buch wäre niemals das geworden, was es ist, wenn es nicht so viele wundervolle Menschen gegeben hätte, die daran mit genauso viel Liebe und Ehrgeiz gearbeitet haben wie ich. Ich bin unglaublich dankbar, dass wir es gemeinsam geschafft haben, all meine wilden und verrückten Wünsche umzusetzen. Da ist als Erstes natürlich meine Familie. Im Buch selber steht genau, was ich jedem von euch einzeln zu verdanken habe – ohne euch wäre das alles einfach nie denkbar gewesen! Mama, Papa, Kristin – danke, dass ihr mich jeden Tag aushaltet, vor allem auch sonntagmittags.

Johannes, mein Partner in Crime, es ist genauso dein Kochbuch wie meins! Danke, dass du jeden Tag die Küche mit mir schmeißt, dass du alles das kannst, was ich nie könnte! Du hast mein Leben verändert auf die nächsten 100 Jahre.

Lisa, du organisatorisches Meisterwerk! Danke, dass du mein Küchenchaos managst und mit mir und deiner Engelsgeduld die Rezepte für dieses Buch geschrieben hast! Danke, du Zehn-Fingersystem-Maschine.

Danke an mein gesamtes Küchenteam, allen voran Christoph! Deine Ruhe und dein Überblick lassen mich erst das machen, was ich kann. Ich weiß dich in meiner Küche und als Freund sehr zu schätzen! Danke dir für deinen unermüdlichen Einsatz! Danke an die besten Freunde, die ich haben könnte! Freizeit ist in unserem Beruf manchmal ein bisschen rar. Ihr kompensiert das seit Jahren und zur Not wird halt montags gefeiert!

Danke, Vivi D'Angelo, die tollste Fotografin, die es geben könnte! Vivi, wir waren ein unglaubliches Team! Deine Bilder machen das Buch erst zu dem, was es wirklich besonders macht! Auf viele weitere Projekte mit dir – ich bin mir sicher, wir haben genug Weizen kalt gestellt!

Danke, Antonia Wien, für deine magischen Texte. Du hast meiner Welt, meinen Gefühlen und Gedanken die richtigen Worte gegeben! Danke, Lars Ammer von The Chefs' Stories. Du bist ein Macher. Du hattest diese Idee und begleitest mich nicht nur bei diesem Projekt mit deiner Erfahrung. Ich denke, da wird noch einiges kommen. Harald und Maren vom Südwest Verlag – ohne euch gäbe es dieses Buch nicht. Danke, dass ihr an uns geglaubt habt und meine und unsere Meinung stets hört und wir zusammen so ein großartiges Buch auf die Beine stellen konnten! Danke an den besten Kurzzeit-Praktikanten und Cover-Ideengeber Stevan Paul. Wer möchte nicht eine Legende als Praktikant haben?

So, jetzt ist gut! Ohne euch alle keine Chance auf #fuchsteufelswild.

Danke!

IMPRESSUM

HINWEIS

Die Ratschläge/Informationen in diesem Buch sind von Autorin und Verlag sorgfältig erwogen und geprüft, dennoch kann eine Garantie nicht übernommen werden. Eine Haftung der Autorin beziehungsweise des Verlags und seiner Beauftragten für Personen-, Sach- und Vermögensschäden ist ausgeschlossen.

Projektleitung: Dr. Harald Kämmerer
Projektidee und Initiative: The Chefs' Stories GmbH, Hamburg
Projektkoordination und Textredaktion: Antonia Wien, The Chefs' Stories GmbH, Hamburg
Schlussredaktion: Susanne Schneider

Umschlaggestaltung, Innenlayout, Satz: OH, JA! (www.oh-ja.com)
Fotoproduktion Innenteil und Cover: Vivi d'Angelo, Photography & Foodphotography – Visual concepts for food & beverage
Bildnachweis: Sämtliche Abbildungen sind von Vivi d'Angelo, außer: shutterstock: 32 (Hein Nouwens), 64, 98, 178, 134 (Bodor Tivadar), 210 (mamita)

Herstellung: Elke Cramer
Reproduktion: Mohn Media Mohndruck GmbH, Gütersloh
Druck & Bindung: Mohn Media Mohndruck GmbH, Gütersloh

Printed in Germany

FSC www.fsc.org MIX Papier | Fördert gute Waldnutzung FSC® C011124

Penguin Random House Verlagsgruppe FSC® N001967

ISBN 978-3-517-09917-0

6. Auflage 2025

JRE